Gudrun Chopin

Berührende Begegnungen

Interkulturelles Miteinander

D1727730

Verlag Große Sprünge

1. Auflage September 2021
© Verlag Große Sprünge, Ludwigsburg
Umschlag: Gudrun Chopin
Gesamtherstellung: www.epubli.de

www.verlag-grosse-spruenge.de

ISBN 978-3-9821383-4-3

Inhalt

Die höchste Erkenntnis,
zu der man gelangen kann,
ist die Sehnsucht nach Frieden.

Albert Schweitzer

Vorwort

Geschichten erzählen. Lebenserfahrung teilen.
Welt deuten in Geschichten. Wie wichtig ist das!
Wie spannend! Wie notwendig!

Geschichten erweitern unser Weltbild. Wenn wir
Geschichten hören oder lesen, können wir entdecken,
wie wenig wir wissen von anderen. Was wir
gewöhnlich wahrnehmen, beschränkt sich oft auf die
Menschen und Dinge, die uns unmittelbar umgeben.
Und wo wir uns darüber hinaus informieren, nutzen
wir meist die immer gleichen Quellen.

Die nigerianische Schriftstellerin Chimamanda Ngozi
Adichie beginnt ihre viel beachtete Rede „Die Gefahr
der einzigen Geschichte" (Original: The danger of a
single story) mit den Sätzen: „Ich bin eine Geschich-
tenerzählerin. Und ich möchte Ihnen ein paar persönliche Geschichten erzählen über das, was ich ‚Die
Gefahr der einzigen Geschichte' nenne."

Sehr offen schildert sie dann, wie ihr diese Gefahr im
Laufe ihres Lebens immer klarer geworden ist.

Angefangen mit einem Erlebnis im Alter von acht
Jahren. Damals kam ein Junge mit Namen Fide als
Hausdiener in ihre Familie. Das Einzige, was ihre
Mutter von ihm erzählte, war, dass seine Familie sehr

arm war. Und immer, wenn Chimamanda ihr Essen nicht aufessen wollte, mahnte die Mutter: „Iss dein Essen auf! Weißt du nicht, dass Menschen wie die Familie von Fide nichts haben?"

Aber eines Samstags besuchten sie die Familie. Dabei zeigte Fides Mutter ihnen einen wunderschön geflochtenen Korb aus gefärbtem Bast, den Fides Bruder gefertigt hatte. Erschrocken wurde Chimamanda klar, dass sie nie auf die Idee gekommen wäre, dass jemand aus dieser Familie so etwas Schönes herstellen könne. Sie hatte immer nur die Armut im Kopf gehabt. Als einzige Geschichte.

Am Ende ihrer Rede fasst Chimamanda Ngozi Adichie zusammen:
„Die einzige Geschichte formt Klischees. Und das Problem mit Klischees ist nicht, dass sie unwahr sind, sondern dass sie unvollständig sind. Sie machen eine Geschichte zur einzigen Geschichte. …
Viele Geschichten sind wichtig."

Wie gut, dass Gudrun Chopin Geschichten erzählt. Berührende Geschichten von Menschen, die hier vor Ort leben. Deren Geschichten aber noch wenige kennen.

Kirche ist von ihren Ursprüngen her eine Erzähl-gemeinschaft. Sie lebt Geschichten erzählend. In ihren Geschichten geht es um berührende Begegnun-gen zwischen Gott und den Menschen.
Wir Menschen sind geschaffen als Gottes Ebenbilder. Das macht unsere Würde und unseren Auftrag aus.

Wir freuen uns, dass es die „Ökumenische Initiative für Flüchtlinge" bei uns in Schwanewede gibt, seit nunmehr 40 Jahren. Wir freuen uns über die berührenden Geschichten, die sich in ihrem Umfeld ereignen.

Wir wünschen der Ökumenischen Initiative ein weiterhin segensreiches Wirken und den hier veröffentlichten Geschichten Leserinnen und Leser mit offenen Herzen.

Martina Servatius
Pastorin in Schwanewede

Ich bin fremd gewesen
und ihr habt mich aufgenommen.

Matthäus 25,43

40 Jahre Ökumenische Initiative für Flüchtlinge

Die Geschichte der Ökumenischen Initiative für Flüchtlinge in Schwanewede setze ich an den Anfang, weil sie den Rahmen bildet für alle weiteren Geschichten dieses Buches.

Im März 1981 begegnete ich Geflüchteten, die in Schlichtbauten am Rande der Gemeinde Schwanewede wohnten: jungen Männern aus Afghanistan, Indien, Pakistan und Bangladesch.

Ihre Wohnverhältnisse erschraken mich, gleichzeitig wusste ich, dass ich hier nur helfen konnte, wenn ich Gleichgesinnte finden würde.

Dies gelang zunächst besonders im Umfeld der evangelischen und katholischen Kirchengemeinden. Durch einen Spaziergang mit Interessierten zu den Schlichtbauten legten wir den Grundstein für unsere Ökumenische Initiative.

Die evangelische Kirchengemeinde stellte Räumlichkeiten für uns im Gemeindehaus zur Verfügung. Am 5. September fand dort unser erstes Arbeitstreffen statt. In der Anfangszeit waren zahlreiche Ehrenamtliche, darunter auch Jugendliche, mit Feuereifer dabei.

Wir unterrichteten Deutsch in Kleingruppen und veranstalteten Informationsabende für die Bevölkerung. Bereits in der Adventszeit 1981 feierten wir im Gemeindehaus unser erstes internationales Fest.

Internationale Konfliktzonen rückten sehr nahe, was emotional oft schwer zu ertragen war. Auch der häufige Umgang mit Behörden verlangte Mut und Kraft, da Geflüchtete politisch kaum erwünscht waren. Wir holten uns Beratung von kompetenten Stellen wie Rechtsanwälten und Amnesty International, um die neue Situation zu bewältigen.

Ab 1983 kamen vermehrt Tamilen aus Sri Lanka nach Schwanewede. Ende der achtziger und in den neunziger Jahren folgten Familien aus Polen, Eritrea, Bosnien, Armenien, Georgien, Tschetschenien, dem Iran, dem Libanon und kurdische Familien aus der Türkei und Syrien.

Nicht alle, die kamen, blieben in Schwanewede. Viele mussten in ihr Heimatland zurückkehren, einige erhielten die Chance, in Einwanderungsländer wie Amerika und Kanada zu ziehen.

Im Dezember 1987 gründeten wir einen Verein, der die Einstellung einer Sozialpädagogin in den Jahren 1988 bis 1992 ermöglichte.

Sie erhielt ein kleines Büro im Gemeindehaus. Seit dieser Zeit bieten wir eine wöchentliche Sprechstunde an.

1995 luden wir erstmals zu einem „Frauencafé international" in die Begegnungsstätte Schwanewede ein. Es entwickelte sich zu einem verlässlichen monatlichen Treffpunkt.

Ein Jahr später wurden wir vor eine besondere Herausforderung gestellt: Wir führten unser erstes Kirchenasyl durch. Ein kurdisches Ehepaar mit drei Kindern verbrachte einige Monate im Jugendraum des Gemeindehauses und wurde intensiv begleitet.

Die Zahl der ehrenamtlich Aktiven ging im Laufe der Jahre zurück, doch die formalen Verpflichtungen unseres Vereins blieben. 2007 beschlossen wir deshalb, diesen wieder aufzulösen.

Im September 2009 wurde u.a. durch den Einsatz der Ökumenischen Initiative eine Tafel-Ausgabestelle in Schwanewede eröffnet. Die meisten Geflüchteten nutzen seitdem das Angebot, gegen ein geringes Entgelt Lebensmittel zu erwerben. Außerdem bringen sich einige dort ehrenamtlich ein und bauen so Kontakte zu Deutschen auf.

Am 13. Mai 2013 hörte ich zum ersten Mal den Begriff „Willkommenskultur" im Zusammenhang mit Geflüchteten. Dieser neue Blickwinkel wirkte sich positiv auf die Verhaltensweise der Ämter und die Einstellung der Bevölkerung aus.

Einen Tag später wurde überraschend die monatliche Ausgabe von „Gutscheinen" für die Einkäufe der Geflüchteten abgeschafft. In den vergangenen dreißig Jahren war von den Ämtern nur ein Taschengeld in bar ausgezahlt worden. Diese Praxis hatte zum Beispiel das Begleichen von Rechnungen für Rechtsanwälte fast unmöglich gemacht. Erleichterung für die Geflüchteten erreichten wir nur, indem wir ihre Gutscheine in Bargeld umtauschten und dann selbst mit Gutscheinen einkaufen gingen.

Im Sommer 2014 entstand wieder eine neue Situation: Etwa zwanzig Familien aus den Balkanländern wurden Schwanewede zugewiesen.

Zahlreiche Menschen aus Schwanewede und umzu boten verstärkt Haushaltswaren, Bettwäsche und Bekleidung an. Eine Ehrenamtliche lagerte diese Spenden zunächst zu Hause und, als es immer mehr wurden, auch im Gemeindehaus. Jede neu ankommende Familie begrüßte sie mit einem Willkommenspaket.

Auch der Bedarf an Deutschunterricht war rapide gestiegen. Ab Mai 2015 fanden deshalb durch unsere Vermittlung erstmalig Volkshochschulkurse für Geflüchtete im Gemeindehaus statt.

Zahlreiche Balkanflüchtlinge lernten Deutsch. Sie mussten in der Regel dennoch zwei bis drei Jahre nach ihrer Ankunft wieder in ihr Heimatland zurückkehren. Die Abschiede waren schwer zu verkraften.

Im Sommer 2015 gelang es uns, den Kirchenvorstand zu überzeugen, einem jungen Liberianer Kirchenasyl zu gewähren. Da er das Kirchengelände etwa zwei Monate lang nicht verlassen durfte, besuchten wir ihn in dieser Zeit täglich.

Als im September 2015 die ehemalige Kaserne in Schwanewede in eine Notunterkunft für etwa 1.000 Geflüchtete umgewandelt wurde, erwies sich das jahrzehntelange Bestehen unserer Initiative als sehr hilfreich.

In guter Zusammenarbeit mit der Gemeindeverwaltung organisierten wir umgehend einen Informationsabend im Rathaussaal und fanden eine große Anzahl neuer Ehrenamtlicher.

Einige Wochen lang waren wir samstagvormittags auf dem Marktplatz präsent. Bei einer Tasse Kaffee entstanden zahlreiche Kontakte zwischen Geflüchteten und Marktbesucher*innen.

Da die Notaufnahme nur eine vorübergehende Einrichtung war, wurden die Geflüchteten nach wenigen Monaten auf verschiedene Ortschaften verteilt. Einige, vor allem syrische und afghanische Familien, erhielten Wohnungen in Schwanewede. Es entstanden „Patenschaften", die sich zu dauerhaften Beziehungen entwickelten.

Im Februar 2015 erhielten wir von der Gemeindeverwaltung sehr überraschend den Schlüssel für einige Räume in einer leer stehenden Förderschule, damit wir die von der Bevölkerung erhaltenen Spenden lagern und weitergeben konnten.
Eine 75-jährige Ehrenamtliche sah ihre Aufgabe gekommen und fand Mithelfende, mit denen sie sich voller Schwung um den Aufbau einer Kleiderkammer kümmerte.
Im August zog die Kleiderkammer neben die Räume der Tafelausgabestelle und entwickelte sich zu einer echten „WunderTruhe". Bald organisierte das Team gut besuchte Modenschauen.
Viele Tausend Euro aus den Einnahmen der WunderTruhe konnten seitdem an zahlreiche soziale Projekte gespendet werden.

Weitere Angebote wurden ins Leben gerufen: eine Fahrradwerkstatt, eine Nähstube, ein regelmäßiges Kaffee-Treffen, gemeinsame Ausflüge und ein jährliches Fest der Kulturen.

14

Ein Glücksfall war die Bereitstellung von Fördermitteln durch das Bundesministerium für Landwirtschaft und Ernährung. Durch das Programm „500 Land-Initiativen" sollte die Arbeit Ehrenamtlicher in ländlichen Gebieten unterstützt werden. Wir stellten einen Antrag und erhielten zu unserer großen Freude 10.500 € für zwei Projekte.

Dieser Geldfluss ermöglichte es uns, Laptops und ein Programm zum Deutschlernen zu erwerben.

Frauen, die wegen der Betreuung ihrer Kinder an keinem offiziellen Deutschkurs teilnehmen konnten, wurden von Ehrenamtlichen in das Programm eingeführt und konnten dann selbständig damit arbeiten. In regelmäßigen Abständen begleiteten sie Ehrenamtliche während des Lernprozesses.

Außerdem kauften wir eine Vielfalt an Kunstmaterialien und konnten eine Kunsttherapeutin bezahlen. Die von Geflüchteten und Ehrenamtlichen gemalten Bilder präsentierten wir in Ausstellungen.

Im Sommer 2017 wurden die VHS-Kurse in Schwanewede wieder eingestellt, weil der Bedarf weitgehend gedeckt war und wir zu wenig Teilnehmende für die verschiedenen Sprachniveaus fanden. Individueller ehrenamtlicher Deutschunterricht lief jedoch weiter.

Nachdem zahlreiche Geflüchtete Grundkenntnisse in der deutschen Sprache erworben hatten, stand die Suche nach Ausbildung und Arbeit im Vordergrund.

Bisher hatte es von Seiten der Gesetzgebung meist unüberwindliche Hürden gegeben, welche die Aufnahme einer Arbeitsstelle verhinderten. Nun sollten die Geflüchteten so schnell wie möglich in den Arbeitsmarkt eingegliedert werden.

Offiziell wurden Schwanewede seit 2016 keine weiteren Flüchtlinge zugewiesen, doch 2017/2018 zogen etwa zehn irakische Familien aus anderen Orten zu uns. Sie waren ebenfalls 2015 geflüchtet, galten aber als „Neubürger." Auch sie benötigten Hilfestellung.

Wir spürten zunehmend unsere Grenzen. Deshalb wurde auf unser Drängen hin eine neue Stelle im Rathaus geschaffen und im Januar 2019 mit einer deutsch und arabisch sprechenden Integrationsbeauftragten besetzt. Für uns bedeutet dies eine enorme Erleichterung.

Im Rückblick erkenne ich, dass die Zahl der Geflüchteten, die Zahl der Ehrenamtlichen und die Aufgabenfülle in den vergangenen vierzig Jahren in Wellen verliefen.

Corona lähmt unsere gemeinschaftlichen Aktivitäten, doch es sind Beziehungen entstanden, die nicht zerstört werden können. Dank einer Whatsapp-Gruppe bleiben wir in Kontakt. Auch begleiten wir weiterhin individuell Geflüchtete bei der Suche nach einer Perspektive, bei dem Erwerb eines Schulabschlusses, bei einer Ausbildung, beim Ausfüllen von Formularen und vielem mehr.

Wir handeln aus den unterschiedlichsten Motiven heraus. Was uns verbindet, ist der Wunsch, dass sich Geflüchtete in Schwanewede angenommen fühlen. Wir möchten Hilfe zur Selbsthilfe geben, damit sie in unsere Gesellschaft hineinwachsen.

Auch wir wachsen an den damit verbundenen Herausforderungen und der Erfahrung, dass wir uns sinnvoll einbringen können.
Das interkulturelle Miteinander bereichert unser Leben.

Wo ein Wille ist, da ist auch ein Weg.
(Sprichwort)

Issras Einladung

14. Juni 2020

Leider sind mein Mann und ich unpünktlich.
Wir klingeln und steigen die Treppen hinauf in den zweiten Stock eines Mehrfamilienblocks. Trotz unserer Verspätung öffnet Issra die Tür zu ihrer Wohnung mit einem strahlenden Lächeln. „Ich dachte schon, ihr hättet die Einladung vergessen."

Auch Mahmoud begrüßt uns freundlich. Die kleine Tochter des jungen Ehepaares lehnt verlegen an der Wand im Flur. Sie heißt Nour und wird am nächsten Tag zwei Jahre alt.

Wir werden an den Wohnzimmertisch gebeten, denn dort wartet das mit viel Liebe zubereitete libanesische Essen auf uns.
„Du magst Falafel, oder?", fragt Issra und schaut mich dabei mit ihren ausdrucksvollen Augen an. „Und wie!", antworte ich und denke dabei an einen Mittagsimbiss mit einer Reisegruppe in Palästina. Wir wurden eilig bedient, sogar der Reiseführer half mit.

Jetzt fertigt Issra eine Teigrolle an, die diesen vor elf Jahren erlebten Moment wieder aufleuchten lässt.

In ein dünnes libanesisches Fladenbrot legt sie drei selbstzubereitete Falafel, fügt Hummus hinzu, außerdem Gurken, Tomaten, grünen Salat und Joghurt mit Sesamsirup, Knoblauch und Zitronensaft. Das Ganze rollt sie geschickt zusammen und legt eine Serviette für die Hände darum. Fertig!
Auch der gelb gefärbte Reis mit Hähnchen schmeckt köstlich. Der kleine arabische Kaffee am Schluss verbreitet mit seinem Duft orientalisches Flair.

Nachdem Mahmoud den Tisch abgedeckt hat, möchte uns Issra ihre Klassenarbeiten und Zeugnisse zeigen. Sie ist stolz auf das, was sie erreicht hat.
Vor drei Jahren hat sie eine Ausbildung zur Bäckereifachverkäuferin begonnen, wurde dann schwanger und blieb ein Jahr lang für ihre kleine Tochter zu Hause.
Jetzt freut sie sich, dass sie zu den besten Schülerinnen ihrer Klasse gehört. „Ich lerne jeden Tag, manchmal auch nachts, denn ich möchte die Ausbildung gut schaffen."
Sie ist dankbar, dass sie für ihre Tochter einen Krippenplatz gefunden hat und Mahmoud sich um Nour kümmert, wenn sie selbst über den Büchern sitzt. Deshalb passt es, dass er zurzeit nicht in Vollzeit angestellt ist.

Im Libanon ging Issra 12 Jahre zur Schule und begann ein Studium für Business Management, bevor sie 2015 mit ihrem Mann nach Deutschland flüchtete.

In Schwanewede fehlte ihr zu Beginn der Schwung, es mit der deutschen Sprache aufzunehmen, doch bald verstand sie, dass ihr das Lernen im Vergleich zu anderen relativ leichtfällt. Jetzt ist sie davon ergriffen, es bereitet ihr Freude.

Während sie erzählt, nickt Mahmoud anerkennend, hält seine Tochter im Arm und spielt mit ihr.
Er widerspricht nicht, als sie berichtet, dass sie anders leben möchte als Frauen, die kein Deutsch lernen, die nicht arbeiten und ganz von ihrem Mann abhängig sind.

Ihre Eltern im Libanon hat sie sechs Jahre lang nicht gesehen. „Aber zum Glück gibt es ja Whatsapp", tröstet sie sich.
Außerdem meint Issra: „Im Libanon habe ich noch nie eine Frau gesehen, die in einer Bäckerei arbeitet."
Entsprechend groß war die Überraschung der Eltern über die Ausbildung ihrer Tochter. Sie erfuhren von Issra viel über verschiedene Brote und Brötchen in Deutschland. „Vollkornbrot, Roggenmischbrot, Dinkelbrot, Sauerteigbrot, Mohn-, Sesam- und Mehrkornbrötchen, das alles haben wir im Libanon nicht.

Ich kannte nur Fladenbrot, das nicht so gesund ist, und unsere Süßigkeiten sind sehr süß", sprudelt es aus ihr heraus.

Wenn Issra ihren Eltern so begeistert wie uns von allen Brot- und Brötchensorten berichtet, die sie inzwischen kennengelernt hat, ist es kein Wunder, dass diese sehr stolz auf ihre Tochter sind.

Neben ihren guten Noten zeigt Issra uns auch einen Zeitungsartikel vom 25.11.2017, der die Integration durch Ausbildung zum Inhalt hat. Zwei Beispiele aus Schwanewede werden darin genannt: ein junger Mann aus Afghanistan und sie. In diesem Artikel lese ich über Issra: „Sie hat ein klares Ziel, möchte ihre Lehre vor der dreijährigen Regelzeit abschließen."

Diesem Ziel ist sie jetzt sehr nahe.
Rita und Manfred helfen dabei, den Antrag für die Verkürzung zu formulieren. Sie begleiten Issra und Mahmoud seit fünf Jahren, als wären sie ihre eigenen Kinder, unterstützen sie und lassen sie gleichzeitig frei.

„Ich hoffe, ich kann auch nach der Ausbildung in meinem Ausbildungsbetrieb arbeiten. Vielleicht lerne ich weiter. Ich weiß nicht, was noch kommt."

Mit vollem Elan fährt Issra fort: „Vielleicht wird unsere Tochter eine Hausärztin. Ich träume davon. Träumen darf man, oder?"
Und dann stellt sie überzeugt fest: „Wenn man einen starken Willen hat, dann darf man das."

Wir widersprechen nicht und verabschieden uns. „Solch ein Treffen können wir doch alle vierzehn Tage wiederholen", meint Issra.
Ihr hat der Besuch offensichtlich gutgetan, uns auch. Ihre Frische hat mich angesteckt.

Zu Hause schalte ich den Computer ein und schreibe auf, was ich soeben erlebt habe.
Es ist ein Blick in Issras und Mahmouds Lebensgeschichte, ein kleiner Einblick, der viel Zuversicht schenkt.

Ich fühle neuen Schwung in mir, ein Buch zu schreiben. Die Freude und Hoffnung dieser kleinen Familie wirken ansteckend auf mich. Vielleicht lassen sich auch andere davon berühren.

28. Januar 2021

Issra hat ihre vorgezogenen Prüfungen mit der Note 1,5 bestanden. Wir freuen uns mit der frischgebackenen Bäckereifachverkäuferin über diesen Erfolg.

Da, wo mein Herz ist, bin ich zu Hause.

(Sprichwort)

Herausforderungen

„Schönen guten Tag, meine liebe Schwester", so beginnt eine Whatsapp, die ich Anfang Juni 2020 erhalte. Sie ist von Khabat, der mir begegnete, als es ihn im September 2015 aus dem Norden Syriens nach Schwanewede verschlug. Inzwischen wohnt er mit seiner Familie in Hannover.

In seiner Nachricht erfahre ich, dass er einen Job als Schulbegleiter bekommen hat. Ich soll mir seinen unterschriebenen Vertrag anschauen.
„Sag mir mal deine Meinung", ist seine Bitte.

Mir schießen Fragen durch den Kopf. Er war doch bisher so stolz auf seinen Job bei der Telekom.
Will oder darf er dort nicht mehr arbeiten?

Ich rufe ihn an. Nach dem üblichen „Wie geht es dir?" erzählt er, dass er in der Regel täglich von 18.00 bis 22.00 Uhr bei der Telekom arbeitet. Zurzeit ist er wegen des Coronavirus im Homeoffice und berät von dort Kunden. Am Vormittag hat er also Zeit für einen zweiten Job.

„Zwei Jobs?" Ich bin erstaunt.

„Weißt du, weil die Telekom mich nicht länger als vier Stunden täglich einstellen kann, habe ich noch etwas anderes gesucht", erklärt er mir, als wäre es das Selbstverständlichste auf der Welt.

Begeistert fährt er fort: „In Syrien habe ich schon zwölf Jahre als Lehrer gearbeitet, und jetzt bin ich wieder in der Schule. Ich begleite Schulkinder, die Unterstützung brauchen."

Mich erfüllt das Gehörte mit Freude. In Syrien war er Geschichtslehrer. Wie gut, dass sich die Schultüren wieder für ihn öffnen! Er erhält Einblick in den deutschen Schulalltag, und sein Deutsch wird sich weiter verbessern.

Dann stelle ich ihm die Frage, ohne die kaum eines unserer Gespräche endet.

„Wie geht es in Syrien, Khabat?"

Bei diesem Thema wird er sehr ernst.

Er erzählt von seinem Bruder, der im kurdischen Gebiet in Nordsyrien lebt. Dieser musste im vergangenen Herbst innerhalb der kurdischen Region fliehen und ist jetzt mittellos.

Ich erfahre von Khabat, dass die Türkei ein Gebiet von 80 km Länge und 30 km Breite besetzte. Mindestens 200.000 Kurden mussten ihre Heimat verlassen.

Khabats Bruder floh mit seiner Frau und seinen drei Kindern nach Qamishli, einer Großstadt in der von Kurden verwalteten Region.

Er hatte eine Stelle als Philosophielehrer, seine Frau arbeitete als Englischlehrerin. Sie besaßen zwei Häuser und ein Auto. All dies scheint nun unwiederbringlich verloren.

Für Khabat ist es selbstverständlich, dass er seinen Bruder finanziell unterstützt. Auch deshalb ist ihm sein zweiter Job so wichtig.

Mich bewegt, was er berichtet. Ehe ich mein Mitempfinden äußern kann, fährt Khabat nachdenklich fort:

„Es gibt noch ein anderes Problem. In ganz Syrien ist es schlimm. Die USA werden Mitte Juni Assad und seine Familie mit Sanktionen bestrafen, weil Beweisfotos vorliegen, welche die Gräueltaten des Regimes zeigen. Alles wird noch viel teurer werden, obwohl viele Menschen sich schon jetzt die Lebensmittel nicht mehr leisten können. Sie hungern."

„Aber eigentlich sollen doch nur Assad und seine Familie bestraft werden", wende ich ein.

„Ach, Assad und seine Familie können auf diese Weise doch gar nicht bestraft werden. Sie haben so viel Geld in der Tasche, dass sie es nicht ausgeben können, solange sie leben", lautet seine Antwort.

Ich wundere mich, dass ich noch nichts von diesen geplanten folgenschweren Sanktionen durch die Medien erfahren habe.

Wir beenden unser Gespräch. Das Gehörte will verdaut werden.

Nachdem die Sanktionen am 17. Juni 2020 in Kraft getreten sind, steht ein kleiner Bericht in unserer Tageszeitung, den ich wohl ohne unser Gespräch nicht so aufmerksam gelesen hätte.

Erneut rufe ich Khabat an.

Die Schule begeistert ihn. Er fühlt sich am richtigen Ort. Doch dann dreht sich unser Gespräch wieder um Politik.

Zu meinem Erstaunen bemerke ich, dass er diesmal erleichtert ist. Er berichtet, dass die Kurden im Norden unter dem Schutz der USA stehen und das Gebiet, das ihnen noch bleibt, ohne momentane Gefahr selbst verwalten können.

Dann spricht Khabat von Russland, der Türkei, dem Iran, den USA, der ISIS und den Muslimbrüdern. Mir schwirrt der Kopf. Die Situation in Syrien wirkt verworren.

„Das ist sehr kompliziert", sagt Khabat. „Wenn du 20% verstehst, ist das schon gut." Dann schickt er mir bis in den späten Abend hinein eine Menge Informationen über die politische Lage Syriens.

Diese interessieren mich, aber sie fordern mich auch sehr heraus. Müde schlafe ich ein und erwache am Morgen mit einem Albtraum.

Jemand will kostbare Schätze stehlen, über die eine bekannte Theologin – geschützt durch ein Sicherheitsglas – wacht. Zuerst ist es ein Dieb, dann sind es zwei. Später sehe ich, wie die Theologin angesichts dieser Situation mit Khabat in einem anderen Raum aus tiefstem Herzen um Frieden betet.

Ein seltsamer Traum, den ich nicht einfach zur Seite legen kann.
Ist eine Bedeutung darin versteckt?
Nach und nach entdecke ich mögliche Zusammenhänge.

Die syrische Bevölkerung wird beraubt. Etwas sehr Kostbares, ein unbeschwertes Leben, wird ihr genommen. Eine Gefahr nach der anderen taucht auf. Den ersten Dieb deute ich als die Militäraktion der türkischen Armee, den zweiten als die neuen Sanktionen der USA. Die Menschen sind von politischen Verwicklungen und Machtinteressen bedroht und diesen hilflos ausgeliefert.

Was würde ich tun, wenn ich dort leben müsste?
Ich kann es mir nicht vorstellen.
Gebet ist möglich. In jeder Situation.

Ich erinnere mich an eine Lesung in Barsinghausen, zu der ich mit meinem Buch „Ich gehöre dazu – Geflüchtete und wir" eingeladen war.

Khabat und ich standen vor der Lesung mit einer Pastorin in der dortigen Klosterkirche, zündeten Kerzen an, dachten an die zugespitzte Lage im Kurdengebiet und beteten still für ein schnelles Ende der Militäraktion. Wie selbstverständlich segnete uns die Pastorin.

Ich fühlte, wie etwas von dieser intensiven Atmosphäre auf die sich anschließende Lesung überging und teilte die Geschichte von Khabats Flucht mit einem Publikum, das voller Spannung zuhörte und Khabat interessiert Fragen stellte.

Erneut rufe ich in Hannover an, um Khabat von meinem Traum und dessen Deutung zu erzählen.
Mein Anruf berührt ihn.
Schließlich sagt er: „Weißt du, ich würde gerne wieder Menschen finden, mit denen ich beten kann."

Dann fragt er unvermittelt:
„Kennst du auch meinen Traum?"
„Nein. Was möchtest du sagen?"

„Momentan gibt es so viele verschiedene Gruppen in Syrien, die nicht miteinander auskommen. Mein großer Traum ist, dass alle Menschen in Syrien und überall in der Welt tolerant genug werden, um in

Frieden zusammenleben zu können, unabhängig von Herkunft und Religion. Dies scheint aber leider ein weiter Weg zu sein."

Der Weg zum Frieden sieht unendlich aus. Doch Khabats Weg in Deutschland führt von einem Ziel zum nächsten.

Einige Monate später arbeitet er bereits ganztägig als Schulbegleiter, was ihn sehr zufrieden stimmt.

Außerdem hält er inzwischen seine Niederlassungs-erlaubnis in Händen, die ihm einen unbefristeten Aufenthalt gewährt.

Zwei Jahre später wird er darüber hinaus einen Einbürgerungsantrag stellen dürfen. Der Gedanke an diese Möglichkeit erfüllt ihn mit Glück.

Ich freue mich mit dir, mein Bruder!

Wo sich eine Tür schließt,
öffnet sich eine andere.

Molière

Hüseyn

Nachdenklich sitze ich vor einem weißen Blatt Papier, einen Stift in der Hand.

Ich möchte Hüseyns Geschichte schreiben, doch womit soll ich anfangen?

Mit seinen Eltern, die schon vor ca. dreißig Jahren aus dem Libanon geflohen sind, oder mit den Herausforderungen, vor die sich der 21-Jährige gestellt sieht?

Ich fange vorne an, denn auch Hüseyn will von vorne anfangen, immer wieder von vorne.

Als seine Eltern jung waren, verließen sie ihre Heimat wegen der dort herrschenden kriegerischen Auseinandersetzungen. Ihr erstes Kind, Hüseyn, wurde 1998 in Deutschland geboren.

Seine Entwicklung – wie er wurde, wer er ist – interessiert mich. Auch er denkt über sich und sein Leben nach. Einige Erlebnisse und Erfahrungen haben sich in ihm festgesetzt.

Besonders stark hat sich diese Erzählung seines Vaters in ihm verankert: Im Libanon half sein Vater Hüseyns Opa schon als Kind in einer Bäckerei. Sehr früh morgens machten sich beide mit einer Holzkarre auf den kilometerlangen Weg zum Markt, wo sie Fladenbrote und Brezeln verkauften. Es war ein beschwerliches Leben.

Heute sind die damaligen Lebensumstände seines Vaters und Großvaters ein Grund für Hüseyns Lerneifer. Er möchte vorwärtskommen, einen guten Beruf ergreifen, für sich und seine Eltern da sein.

In Deutschland arbeitete sein Vater als Schlosser und war häufig auf Montage. Er erlitt einen schweren Arbeitsunfall und leidet seitdem trotz zahlreicher Krankenhausaufenthalte unter ständigen Schmerzen.

Seine Mutter kümmert sich um den Haushalt. Sie nimmt interessiert und hilfsbereit an den Aktivitäten unserer Ökumenischen Initiative teil.

Die vier Kinder der Familie verstehen die Wichtigkeit des Schulbesuchs und des Lernens.

Hüseyn ist mir als ernsthafter und interessierter Schüler in Erinnerung. Er besuchte meinen Französischunterricht und die Theater-AG, in der ich mitwirke. Außerdem nahm er als gläubiger Moslem an meinem evangelischen Religionsunterricht teil. Für die Lerngruppen war er eine Bereicherung.

Hüseyn bemühte sich wissbegierig um schulische Unterstützung. Jahrelang kam er regelmäßig zu uns nach Hause, wo mein Mann ihm bei den Hausaufgaben half und bis zum Abitur die vielfältigsten Themen mit ihm besprach. Mir fiel auf, dass Hüseyn alles wirklich begreifen wollte und immer wieder voller Interesse nachfragte, wenn er etwas nicht ganz verstanden hatte.

Heute sagt er: „Wir konnten uns keinen Nachhilfelehrer leisten. Herr Chopin hat mir die Tür geöffnet. Oder man kann es sich wie bei einem Auto vorstellen. Ein Auto braucht Strom, um zu starten. Ich habe diesen Strom bekommen und mir fest vorgenommen, dass ich später Kindern und Jugendlichen genauso helfen werde, wie Herr Chopin es getan hat."

Hüseyn war als Schüler in Fahrt geraten und wechselte nach der 10. Klasse vom Realschulzweig in den Gymnasialzweig. Er wurde Schulsprecher, dann Vorsitzender des Kreisschülerrates und Schülerratsmitglied auf Landesebene.
Schließlich bewarb er sich mit Erfolg um ein Stipendium der Start-Stiftung, das Jugendliche mit Migrationshintergrund fördert. Durch gute schulische Leistungen, soziale Kompetenz und gesellschaftliches Engagement erfüllte er die Bedingungen für diese Unterstützung.

Er erhielt einen Laptop, nahm an Seminaren teil und wurde immer weltoffener.

„Die Seminare und der Laptop waren eine große Sache in meinem Leben", fügt er hinzu. „Es fiel mir dank des eigenen Laptops leichter, E-Mails zu schreiben, PowerPoint-Präsentationen zu erstellen und Informationen im Internet zu suchen. Auf den Seminaren kam ich mit interessanten Leuten ins Gespräch und erhielt Teilnahmeurkunden, die ich später auch bei meinen Bewerbungen einreichte."

Nach bestandenem Abitur musste sich Hüseyn zwischen seinen beiden Lieblingsberufen entscheiden: Er wollte Pilot oder Polizist werden.

Ein Erlebnis erinnert er in diesem Zusammenhang ganz deutlich. Sein Vater nahm ihn als Kind mit auf die Terrasse des Bremer Flughafens, wo sie beobachteten, wie Flugzeuge starteten und landeten. Tatsächlich winkte ein Pilot aus seinem Cockpit Hüseyn zu, und er winkte zurück.

Diese unerwartete Geste ließ sein Herz höherschlagen. Sein Vater schaute ihn an: „Hüseyn, wenn du eines Tages dort sitzen möchtest, dann musst du dich anstrengen und viel lernen."

Hüseyn ist davon überzeugt: „Das hat mir einen Kick gegeben."

Nachdem er sich umfassend über die beiden zur Wahl stehenden Berufe informiert hatte, entschied er sich für eine Bewerbung bei der Polizei.
Die Herausforderungen auf dem Weg zu seinem Ziel möchte er fest entschlossen bestehen.

Er nennt eine wesentliche Motivation für seine Berufswahl: „Ich lebe in einer Familie, die vom Staat unterstützt wird, und ich möchte da rauskommen. Mein Vater bekommt eine Rente, aber die ist so gering, dass sie nicht reicht.
Ich möchte mir auch einmal etwas Besonderes leisten können und vielleicht mehr mit meiner Familie unternehmen. Wenn ich in einer Harz IV Familie lebe, darf ich nur 100 € hinzuverdienen.
Es ist sehr schwer für einen Jugendlichen, mit 100 € auszukommen. Ich mag die deutschen Gesetze, aber es wäre gut, wenn man etwas mehr von seinem Verdienst behalten dürfte."
Seine Gedanken überraschen mich, denn ich habe ihn und seine Familie niemals als arm empfunden.

„Ich bin glücklich, in Deutschland zu leben, weil wir hier eigentlich alles haben", fährt er fort, „doch Selbstverständlichkeiten konnten wir uns nicht leisten. Es ist als junger Mensch ein sehr schlimmes Gefühl, arm zu sein.

Die anderen Kinder hatten einen Fußball, ich hatte keinen. Heute sehe ich, dass Armut auch erfinderisch macht. Wir haben uns vom Sperrmüll Fahrräder geholt und diese zusammengebaut. Als wir von der Fahrradwerkstatt in Schwanewede für 10 € ein verkehrstüchtiges Fahrrad bekamen, war dies für mich ein Glückstag."

In seinen Erinnerungen tauchen auch die Kindergeburtstage im Kindergarten auf.
„Die Geburtstagskinder brachten immer Bonbons oder Schokoriegel mit und verteilten sie an die anderen Kinder. Ich aß meine Süßigkeiten nicht, sondern steckte sie heimlich in meine Kindergartentasche und schenkte sie zu Hause meinem jüngeren Bruder. Wenn er so glücklich aussah, freute ich mich."
„Armut hat schmerzliche Seiten", fasst er seine Erinnerungen zusammen. „Aber wenn ich in die Zukunft schaue, merke ich, dass sie mich auch positiv geprägt hat."

Nachdenklich fährt er fort; „Ich habe Freunde, die fast im Gefängnis gelandet sind, weil sie den Unterschied zwischen sich und den anderen nicht ausgehalten haben. Mir gefiel das nicht. Ich mag das Gesetz und respektiere es. Wenn alle Länder solche Gesetze wie Deutschland hätten, dann Hut ab.
Als Polizist möchte ich Gerechtigkeit ausüben. Ich nehme mir vor, in jeder Situation fair zu bleiben und

meine Mitmenschen genauso fair zu behandeln wie ich behandelt werden möchte."

Das ist der Inhalt der Goldenen Regel, die ich im Unterricht so oft behandelt habe, weil sie seit Urzeiten in Philosophien und Religionen als Grundlage für ein gelingendes Miteinander genannt wird. Zusammenleben könnte so einfach sein, wenn wirklich alle diese Regel für ihr Handeln zum Maßstab nehmen würden.

Hüseyn jedenfalls scheint die Goldene Regel verinnerlicht zu haben.

„Du weißt, dass Polizisten manchmal auch arg beschimpft werden", werfe ich ein. „Und es könnte sogar sein, dass ich einmal zur Gegenpartei gehöre. Stell dir vor, du müsstest jemanden abschieben, und ich wäre dagegen." Er ist sich bewusst, dass dies passieren könnte, doch Konflikte seien niemals auszuschließen.

Ich erwähne auch, dass es immer wieder Berichte gibt, die auf Gewalt und Rassismus unter den Ordnungshütern hinweisen. Hüseyn schreckt das nicht ab. „Wer Polizist werden will, wird psychologisch getestet und muss während der Ausbildung Strategien zur Konfliktbewältigung trainieren."

„Außerdem", fügt er wie selbstverständlich hinzu, „ich habe auch eine Bindung zu Gott. Diese verbietet mir, ungerecht zu sein."

Wir lenken unser Gespräch erneut auf die Beweggründe für die Wahl seines Berufsziels.

Körperliche Fitness und politisches Interesse sind wichtige Voraussetzungen für den Beruf des Polizisten. Er betätigt sich gerne sportlich. Außerdem findet er Politik und Wirtschaft spannend.

Wegen seiner finanziellen Lage benötigt er ein duales Studium, mit dem er auf eigenen Füßen stehen kann. Im Beamtenstatus, den er erreichen möchte, sieht er eine gesicherte Zukunft.

Er bewirbt sich bei verschiedenen Landespolizeien und bereitet sich intensiv auf das Einstellungsverfahren vor. Zweimal hat er keinen Erfolg, doch beim dritten Anlauf wird er angenommen und darf sogar schon eine Polizeiuniform mit nach Hause nehmen.

Nur seine Augen sollen noch einmal überprüft werden. Also macht er Sehübungen, ernährt sich besonders gesund und treibt noch mehr Sport als sonst.

Trotz aller Anstrengungen ist das Ergebnis der zweiten Sehprüfung niederschmetternd: Er muss die Polizeiuniform zurückschicken.

Als er mir das erzählt, bin ich geschockt.

Alle Bemühungen umsonst!

Doch er hat nach der ersten Enttäuschung bereits einen Entschluss gefasst. Er will an seinem Berufsziel festhalten.

„Zum Glück sind es nicht die Ohren", sagt er voller Überzeugung. „Die Augen kann ich lasern lassen. Die Krankenkasse bezahlt das leider nicht, es wird einige Tausend Euro kosten. Doch ich habe einen kleinen Job und etwas gespart. Ich werde das schaffen."

Hüseyns Situation bewegt mich. Wenn er bei seinem Berufsziel bleibt, beginnen alle Anstrengungen von vorne. Er muss sich erneut bewerben und noch einmal die Hürde nehmen, sich gegen zahlreiche Mitbewerber*innen zu behaupten. Im Durchschnitt schaffen es nur fünf Prozent.

Im Vertrauen auf den Erfolg seiner bevorstehenden Augen-OP bewirbt er sich noch einmal, diesmal bei der Landespolizei Berlin.
Einige Tage nach der Operation durchläuft er zum wiederholten Male das gesamte Prüfungsverfahren und besteht erneut alle Prüfungen.

Auch das Lasern seiner Augen zeigt Erfolg. Durch das verstärkte Sehvermögen gewinnt er eine neue Lebensqualität und blickt der hoffentlich letzten Augenprüfung in sechs Monaten optimistisch entgegen.

„Eigentlich kann nichts mehr schiefgehen", höre ich ihn sagen.
Ich komme aus dem Staunen nicht heraus.

Seinen Einsatz erklärt er so: „Wenn man gefallen ist und danach wieder aufsteht, ist man stärker als zuvor. Beim Kampfsport ist das genauso."

Kampfsport ist weniger mein Ding, aber er hat wohl recht.

Von meinem Vater liegt mir noch das Wort im Ohr: „Das Leben ist ein Kampf." Als Kind, Jugendliche und auch Erwachsene mochte ich diese Sicht auf das Leben nicht.

Doch ich verstehe, wenn Hüseyn sagt: „Mein Opa im Libanon war ein Kämpfer. Er kämpfte, um den Lebensunterhalt seiner Familie zu verdienen."

Auch sein Vater ist ein Kämpfer. Auch er hat bis zu seinem Unfall hart gearbeitet. Seine Geduld im Umgang mit seinen Schmerzen beeindruckt mich. Außerdem erlebe ich, wie sehr er sich trotz seiner Krankheit für andere einsetzt, wenn diese seine Hilfe benötigen.

Hüseyn kämpft für sein Berufsziel. Er möchte ein verantwortungsvoller Polizist werden.

Mich berührt, was ein Wunsch, verbunden mit Willenskraft und Durchhaltevermögen alles vermag.

Hut ab, Hüseyn!

3. März 2021, 7.00 Uhr morgens:

Hüseyn erreicht die erlösende Mail.
Sein Studium für den gehobenen Polizeidienst beginnt am 1. April in Berlin.

Hoffnung ist der Wille zur Zukunft.

©Heribert Prantl

Staatsangehörigkeit XXX

Im Januar 2001 verließ Amal Syrien zusammen mit ihrer Mutter, ihrer Oma, ihrer älteren Schwester und ihrem jüngeren Bruder. Sie war vier Jahre alt.

Wenn sie an das kleine Dorf denkt, in dem sie ihre ersten Lebensjahre verbrachte, sieht sie eine sandige Gegend und Land, das ihr Opa besaß. Er züchtete Schafe, Hühner und Puten. Außerdem besaß er zwei Kühe, welche die Familie mit Milch versorgten. Auf dem Feld wurden Tomaten, Gurken, Auberginen, Paprika und Baumwolle angebaut. Ihr Vater unterstützte ihren Opa bei der oft schweren Feldarbeit.

Amal erinnert sich an die Dunkelheit in dem LKW, der sie von Syrien nach Deutschland brachte. Sie weiß noch, dass sie nichts mitnehmen durfte, noch nicht einmal ihre kleinen silbern-goldenen Armbänder. Überflüssiges Gepäck war hinderlich bei der Flucht.

Ein ganz wichtiges Papier hatte ihre Mutter dabei: den Nachweis über die Staatenlosigkeit des Vaters. Die Staatenlosigkeit des Vaters und die damit verbundene Rechtlosigkeit waren der Hauptgrund für die Flucht der Familie. Als Staatenlose und zusätzlich als Angehörige des jesidischen Glaubens litt Amals Familie unter doppelter Diskriminierung und lebte in Angst vor Gewaltausbrüchen. Sie gehörte zu einer sehr unerwünschten Minderheit.

Die Mutter besitzt zwar einen syrischen Pass, doch dieser spielt für die Nationalität der Kinder keine Rolle. Sie galten in Syrien ebenfalls als staatenlos, denn diese Eigenschaft vererbt sich durch den Vater.

Amals Vorfahren väterlicherseits hatten eine große Ungerechtigkeit erfahren, denn sie gehörten zu den 120.000 Kurden, denen seit der Volkszählung 1962 wesentliche Grundrechte entzogen wurden. Eine politische Entscheidung hatte sie zum Niemand im eigenen Land gemacht.
Sie durften nicht mehr wählen, keine Wohnung, kein Haus und kein Auto erwerben, nicht in einem Hotel übernachten, und für die junge Generation waren die Aussichten auf Ausbildung und Arbeit trotz Schulbesuchs gleich null.

Um dieser Situation zu entfliehen, befand sich Amals Mutter mit ihrer Schwiegermutter und ihren drei kleinen Kindern auf dem Weg nach Deutschland. Nach acht Tagen kamen sie dort an. Die ersten Wochen verbrachten sie in einem Erstaufnahmelager und wurden dann Schwanewede zugewiesen.

Dass ein viertes Kind unterwegs war, erfuhr die Mutter erst, nachdem sie die Strapazen der Flucht hinter sich gebracht hatte.

Als ihr Mann drei Jahre später die Kosten für seine Flucht aufbringen konnte, folgte er seiner Familie nach Deutschland.
Er wurde jedoch einem Ort in einem anderen Bundesland zugeteilt und durfte nur nach Beantragung einer Erlaubnis hin und wieder zu Besuch kommen. 2006 wurde der jüngste Sohn geboren.

Ein Umzug zu seiner Familie wurde nicht genehmigt. Auch das Einschalten eines Rechtsanwalts führte nicht weiter. Erst als die älteste Tochter die Situation in einem Brief darstellte und diesen einer Kreisrätin persönlich überreichte, hatte die Familie Erfolg.
Der Vater durfte ein halbes Jahr später nach Schwanewede ziehen. Inzwischen waren fünf Jahre seit seiner Ankunft in Deutschland vergangen.

Doch es gab ein weiteres sehr belastendes Problem. Obwohl den Behörden bereits seit 2001 die Bestätigung der Staatenlosigkeit des Vaters in Form eines Personenstandsregisters aus Syrien vorlag, akzeptierten sie diesen Tatbestand nicht.

In seinen Ausweis und in den seiner Kinder wurde von Anfang an der Eintrag „Staatsangehörigkeit XXX" eingetragen, was „ungeklärte Staatsangehörigkeit" bedeutet. Der Eintrag XXX erregt Misstrauen und den Verdacht, die tatsächliche Herkunft solle verschwiegen werden. Die Betroffenen sollen sich bemühen, Ausweispapiere aus ihrem Herkunftsland zu besorgen.

Der Eintrag „staatenlos" wäre für ein Leben in Deutschland von großem Vorteil gewesen, da Personen, deren Staatenlosigkeit von den Behörden anerkannt ist, nicht abgeschoben werden dürfen.

Amals Eltern bekamen wegen des Eintrags XXX jahrelang immer wieder eine Aufforderung zur „freiwilligen" Ausreise und lebten deshalb lange Zeit in Angst vor Abschiebung. Immer wieder legte ein Rechtsanwalt Einspruch ein. Sie mussten ihn mit Bargeld bezahlen, obwohl dieses äußerst knapp war, denn zwölf Jahre lang erhielten Amals Eltern ihre Unterstützung vom Sozialamt überwiegend in Form von Gutscheinen.

In welches Land hätte die Familie mit ihrer ungeklärten Identität abgeschoben werden können? In das Land, von dem die Behörden offensichtlich annahmen, es existiere, werde aber bewusst verschleiert?

Die ungewisse Situation entwickelte sich zum Dauerbrenner in der Familie. Der Eindruck entstand, es sei nichts zu machen.

Währenddessen wuchsen die Kinder heran.

Amals ältere Schwester absolvierte eine Ausbildung zur Zahnarzthelferin und heiratete.

Amal bestand das Abitur und ließ sich zur Bankkauffrau ausbilden. Inzwischen hat sie eine unbefristete Arbeitsstelle.

Ihre jüngere Schwester steht kurz vor dem Abitur und möchte Lehrerin werden.

Einer der Brüder befindet sich in einer Lehre zum Einzelhandelskaufmann, der Jüngste geht noch zur Schule.

Die Kinder sind zweisprachig aufgewachsen.

Innerhalb ihrer Familie hören und sprechen sie kurdisch, außerhalb der Familie deutsch.

Sie fühlen sich in Deutschland zu Hause.

Ihre Staatsangehörigkeit: XXX.

Die Hoffnung darauf, dass sich dies ändern könne: fast erloschen.

Alle Anfragen hatten sich als wirkungslos erwiesen. Ungeklärt blieb ungeklärt.

Während Amal sich als Schülerin und später als Auszubildende auf ihren Lernstoff konzentrierte, blieb ihr wenig Zeit, an die Lösung dieser verworrenen Lage zu denken. Sie war damit aufgewachsen, in Syrien keine und in Deutschland eine ungeklärte Staatsbürgerschaft zu haben.

Doch sie hatte sich inzwischen zu einer selbständig denkenden jungen Frau entwickelt.

Die jahrelange Ungeklärtheit musste sich in einem Rechtsstaat wie Deutschland klären lassen können!

Zuerst wandte sie sich nur zögerlich an die Behörden und ließ bis zur nächsten Nachfrage Monate vergehen. Nichts bewegte sich, aber ihre Hartnäckigkeit wuchs. Sie konnte immer weniger einsehen, warum niemand den Begriff „Staatsangehörigkeit ungeklärt" durch „staatenlos" ersetzte, obwohl das entscheidende Beweisdokument ihres Vaters in arabischer und deutscher Sprache vorlag.

Noch niemals hatte sie dieses wichtige Papier gesehen, und plötzlich kam sie auf eine Idee: Sie wollte die Identitätsbescheinigung des Vaters – oder zumindest eine Kopie davon – anfordern und auf Echtheit überprüfen lassen.

Mutig fuhr sie zur zuständigen Behörde und bat um die Herausgabe des Dokuments.

Sie erlebte, wie die freundliche Sachbearbeiterin in einem dicken Aktenordner blätterte und es fand, ordentlich in einer Klarsichthülle abgeheftet.

Gegen alle Erwartungen und zu ihrer freudigen Überraschung erfuhr sie, dass es dort nicht mehr hineingehörte. Sie bekam es sofort überreicht. Originale müssen ihren Besitzern zurückgegeben werden.

Nach neunzehn Jahren befand sich das entscheidende Papier nun wieder in Händen der Familie!

Von Hoffnung beseelt suchte Amal die nächsthöhere Behörde auf und legte es dort vor.

Sie fragte, wie sie es überprüfen lassen könne und erwartete, dass es irgendwohin geschickt werden müsse. Doch das war nicht nötig, denn eine Etage höher arbeiteten Spezialisten, die Papiere auf ihre Echtheit überprüften.

Alles ging plötzlich so schnell, dass sie es zunächst nicht begreifen konnte.

Die Echtheit des syrischen Dokuments wurde während ihrer Anwesenheit bestätigt und die Staatenlosigkeit des Vaters galt innerhalb weniger Minuten als bewiesen.

Dieser Tatbestand wurde sofort in den Computer eingegeben und auch Amals Staatenlosigkeit registriert. Die untergeordnete Behörde sollte informiert werden, damit sie den Eintrag XXX in „staatenlos" umwandeln könne.

Es vergingen noch einige Wochen, bis der Vorgang für Amal bearbeitet war. Sie bekam als erste ihrer Familie von deutschen Behörden per Ausweis die Staatenlosigkeit zuerkannt.

In Syrien hatten ihre Vorfahren seit Generationen unter dem Entzug der Staatsangehörigkeit gelitten.

Staatenlos zu bleiben war also auch in Deutschland kein erstrebenswerter Zustand.

So folgte der nächste logische Schritt:

Die in Deutschland anerkannte Staatenlosigkeit eröffnete Amal den Weg, einen Antrag auf Einbürgerung zu stellen. Alle Voraussetzungen waren erfüllt.

Am 14. September 2020 überreichte ihr ein Dezernent des Landkreises zusammen mit 15 weiteren Neubürger*innen in einer kleinen Zeremonie die Einbürgerungsurkunde und ein Grundgesetz.

Er sagte wörtlich: „Die Annahme einer neuen Staatsbürgerschaft bedeutet … auch, die prägenden Erfahrungen der eigenen bisherigen Biographie in einen neuen Abschnitt mitzunehmen. Ich freue mich daher, dass es viele Mitbürgerinnen und Mitbürger gibt, die sich hier integrieren und ein Teil Deutschlands werden wollen. Dies ist auch eine wichtige Bereicherung für unseren Landkreis." (Quelle: Homepage des Landkreises Osterholz)

Rückblickend meint Amal: „Ich konnte mich fließend in der deutschen Sprache ausdrücken und unser Anliegen deutlich vorbringen. Für meine Eltern war dies nicht möglich gewesen. Im Laufe der Zeit erkannte ich immer mehr, dass wir im Recht waren. Ich schöpfte Hoffnung, dass die Wahrheit siegen würde, besonders in einem Land wie Deutschland."

Jetzt hilft sie ihren Geschwistern beim Ausfüllen der nötigen Anträge, damit auch ihre Staatenlosigkeit anerkannt wird und sie die deutsche Staatsbürgerschaft erlangen können.

Der Vater müsste als Voraussetzung dafür noch eine Sprachprüfung ablegen und seinen Lebensunterhalt zum größten Teil selbst verdienen.

Amals Wille zur Zukunft hat dazu geführt, dass der Bann der Staatenlosigkeit und der ungeklärten Staatsbürgerschaft für ihre Familie endlich gebrochen wurde.

Die 23-Jährige ist Hoffnungsträgerin geworden, so wie es ihr Name verspricht, der übersetzt „Hoffnung" bedeutet.

Auch für Amals Familie kann Artikel 15 der UN-Menschenrechtskonvention endlich Realität werden:

„Jeder Mensch hat das Recht auf
eine Staatsangehörigkeit."

Solange ich atme, hoffe ich.
Cicero

Mittendrin

Manchmal reicht ein Telefonanruf, und ich gerate plötzlich in eine Geschichte, die meine ganze Aufmerksamkeit auf sich zieht.

Am Telefon fragt eine Mazedonierin, die ich schon lange kenne: „Kannst du uns bei einem Gespräch mit dem Rechtsanwalt helfen?"

Ja, ich kann. Wir verabreden uns, und ich lerne ihre Verwandte Frau M. und deren Partner Herrn B. kennen.
Herr B. zeigt mir einen negativen Bescheid der Ausländerbehörde. Er hatte gehofft, dauerhaft bei seinen Kindern und seiner Partnerin in Schwanewede bleiben zu dürfen.
Doch er muss zurück nach Mazedonien.
Vielleicht sieht der Anwalt noch eine Chance?
Das soll ich in einem Telefongespräch erfragen.

Der Rechtsanwalt teilt mir mit, die Ablehnungsgründe des Landkreises seien formaljuristisch nachvollziehbar. Es bestehe aber ein Ermessensspielraum. Ich könne die Ausländerbehörde anrufen.

50

Mir ist sofort bewusst: Wenn mein Anruf Erfolg haben soll, muss ich mehr über die Familie wissen.

Und schon bin ich mittendrin in einer fremden Lebensgeschichte.

Ich erfahre dies:

Herr B. ist Vater zweier Kinder, die seit Juni 2020 mit ihrer Mutter in Schwanewede wohnen. Weil das dritte und jüngste Kind der Mutter einen deutschen Vater hat, ist die Mutter im Besitz einer Aufenthaltserlaubnis und darf mit den Kindern in Deutschland bleiben.

„Meine Partnerin und ich haben eine Krise durchlebt, uns dann aber ausgesprochen und einander verziehen. Wir wünschen einen gemeinsamen Neuanfang in Schwanewede", erfahre ich von Herrn B. Er beteuert, er mache keinen Unterschied zwischen den drei Kindern.

Das nehme ich zunächst einmal zur Kenntnis.

Dann versuche ich zu begreifen, wie sein Leben bisher verlaufen ist. Aus einer Dokumentenmappe voller geordneter Papiere greift er seinen übersichtlich getippten Lebenslauf.

Ich sehe, dass Herr B. 1983 geboren ist und eine Ausbildung hat. Er arbeitete aber nicht in seinem Beruf, sondern übte unterschiedliche Tätigkeiten an verschiedenen Orten aus.

Wichtiger als sein Werdegang scheinen ihm seine Kinder zu sein. Herr B. spricht sehr gefühlvoll von ihnen. „Für meine Kinder tue ich alles."

Ich möchte nicht blauäugig sein und frage mich, wie ich einen lebendigen Eindruck von seiner Beziehung zu den drei Kindern erhalten könne. Sollte ich einen kleinen Ausflug mit der Familie unternehmen oder mit ihnen auf den Spielplatz gehen?

Die Antwort auf meine unausgesprochene Frage lässt nicht auf sich warten.

Ein Handy klingelt. Die Kinder rufen an. Sie haben bis jetzt geschlafen und sind gerade wach geworden. Frau M. eilt zu ihnen.
Wenige Augenblicke später höre ich lautes Geschrei. Drei Kinder stürzen sich auf Herrn B., umklammern ihn, zittern, weinen. Ich bin Zeugin eines Tsunamis der Gefühle und beobachte sprachlos, was um mich herum geschieht.
Die Kinder wurden beim Aufwachen von Panik erfasst. Der Vater war nicht da. Vielleicht für lange. Vielleicht für immer. Einfach weg.

Die neunjährige Tochter presst unter Schluchzen Sätze hervor, die ich spontan mitschreibe.
„Ich mag meinen Vater sehr. Mein Vater hilft mir bei den Hausaufgaben. Ich will, dass mein Vater und

52

meine Mutter zusammenbleiben. Wenn mein Vater geht, dann esse ich nicht. Dann bin ich krank."
Der fast siebenjährige Sohn stammelt nur einen Satz:
„Ich will, dass mein Vater bleibt, jeden Tag."
Der Jüngste klammert sich verstört um seinen Hals.

Herr B. nimmt die drei Kinder in seine Arme.
Nach langem Anschmiegen weinen sie weniger laut, doch die traurigen und verzweifelten Blicke bleiben.
Die Neunjährige meint es ernst mit der Verweigerung des Essens. Sie nimmt die angebotenen Süßigkeiten nicht an.
Für heute ist an die Fortsetzung des Gesprächs nicht zu denken. Wir verabreden uns für den nächsten Tag.

Beim zweiten Gespräch mit Herrn B. knüpfe ich an seinen Lebenslauf an.
Von 2015 bis 2017 lebten er und seine Familie als Asylsuchende in einer Flüchtlingsunterkunft in Nordrhein-Westfalen. Dort übernahm er Hausmeistertätigkeiten.
In dieser Zeit kam es zu Streitigkeiten mit seiner Lebensgefährtin. Sie lernte einen Deutschen kennen, 2016 wurde aus dieser Beziehung ein Sohn geboren.

Nach Ablehnung des Asylgesuchs musste Herr B. 2018 zurück nach Skopje, während die Mutter mit den Kindern eine Wohnung beziehen durfte.

In Skopje ging er verschiedenen Tätigkeiten nach. Unter anderem bestand er seinen Gabelstaplerführerschein, war Lagerarbeiter und Staplerfahrer.

Er versuchte, über ein Arbeitsvisum legal nach Deutschland zu kommen, fand einen Arbeitgeber, hatte Hoffnung und wartete über ein Jahr auf einen Termin bei der deutschen Botschaft. Doch dann platzte der Traum, denn die Firma, die ihn einstellen wollte, war inzwischen insolvent.

Im Wechsel verbringt er seitdem drei Monate in Mazedonien und drei Monate in Deutschland. Er scheut keine Schwierigkeiten, um seine Kinder aufwachsen zu sehen und sie auf ihrem Lebensweg zu begleiten.

An dieser Stelle beenden wir unser Gespräch. Die Öffnung füreinander kostet uns viel Kraft.

Zu Hause schreibe ich das Gehörte auf.
Einiges ist mir noch unklar. Deshalb besuche ich die Familie ein drittes Mal.

Ich stelle eine Frage, die vermutlich weh tut, aber ich möchte die Antwort wissen: „Warum kehrt ihr nicht alle zusammen nach Mazedonien zurück, wenn ihr zusammenbleiben wollt?"

Erst jetzt erfahre ich etwas von der Situation der Roma in Mazedonien.

Es fällt Herrn B. schwer, von seinen Erlebnissen als Angehöriger dieser Bevölkerungsgruppe zu sprechen.

„Wir sind in unserem Land nichts wert. Aber mein Vater hat einen Beruf erlernt. Auch mein Zwillingsbruder und ich haben eine Ausbildung."

Er erinnert sich an ein sehr diskriminierendes Erlebnis: Am ersten Tag auf dem Weg zur Lehre hat man ihn im Bus geschlagen und seine Schuhe geklaut. Auch bei der Suche nach einer Arbeitsstelle in seinem erlernten Beruf fühlte er sich ausgegrenzt.

Während er weitere Beispiele erzählt, kommt die neunjährige Tochter mehrmals spontan auf mich zu.

„Danke, dass du dich um uns kümmerst."

Ich fühle, wie viel Hoffnung sie in mich setzt.

Das Gespräch mit der Ausländerbehörde steht vor mir wie ein Berg. An wen sollte ich mich dort am besten wenden? Ich frage Dörte aus meiner Nachbarschaft. Sie ist als Vorsitzende der Grünen politisch aktiv. Nachdem sie meine Aufzeichnungen gelesen hat, wendet sie sich an eine übergeordnete Stelle, den Dezernenten für Ordnung, Soziales und Verkehr.

Zwei Tage später führen wir zu dritt ein langes Gespräch am Telefon, doch der Dezernent sieht sich rechtlich nicht in der Lage, einen Aufenthaltstitel zu gewähren.

Herr B. muss wieder zurück nach Mazedonien – trotz seiner geringen Chancen als Roma, trotz der dortigen schwierigen Corona-Bedingungen, trotz seiner Kinder. Er darf erst dann bleiben, wenn es ihm gelingt, einen Arbeitgeber in Deutschland zu finden.

Wie aber soll er von Mazedonien aus einen Arbeitgeber finden? Allein um einen Termin für die Beantragung eines Arbeitsvisums zu erhalten, müsste er mindestens ein Jahr lang warten. Diese Möglichkeit sieht ziemlich aussichtslos aus, doch eine andere Hoffnung scheint es im Moment nicht zu geben.

Was können wir also tun, um schnellstens eine Arbeitsstelle zu finden?

In meinem Kopf rattert es.

Die Presse informieren!

Ich rufe an, schreibe Mails. Die Redakteurin einer viel gelesenen Werbezeitung kommt sofort und hört sich an, in welcher Situation die Familie steckt. Von zwei weiteren Zeitungen bekomme ich ebenfalls eine Rückmeldung. Innerhalb einer Woche erscheinen drei Artikel in der lokalen Presse.

Eine Firma meldet sich. Herr B. wird zu einem Vorstellungsgespräch eingeladen, einen Tag vor seiner Rückreise nach Mazedonien.

Auch mit dem Leiter der Ausländerbehörde stehe ich in Kontakt. Von ihm erhalte ich sehr wichtige Informationen.

Seit März 2020 gibt es ein neues Fachkräfteeinwanderungsgesetz, das helfen soll, den Fachkräftemangel in Deutschland zu beheben. Ich erfahre, dass Herr B. diese Möglichkeit aufgrund seiner Ausbildung in Anspruch nehmen kann.

Ein Arbeitgeber, der Interesse an Herrn B. als Fachkraft zeigt, kann mit einem beschleunigten Einstellungsverfahren rechnen, da die Bündelung aller Schritte bei der Ausländerbehörde liegt. Unter anderem entfällt die lange Wartezeit auf einen Termin bei der deutschen Botschaft.

Ich sehe neue Hoffnung und arbeite mich per Internetrecherche in dieses neue Gesetz ein, denn ich möchte Herrn B. zum Vorstellungsgespräch begleiten und die Verfahrensschritte überzeugend erklären können.

Außerdem versuche ich zu verstehen, was er während seiner Ausbildung gelernt hat. Herr B. ruft Internetseiten auf, und ich vertiefe mich in Rohre, Waschbecken und weitere sanitäre Anlagen.

Dann erarbeiten wir ein paar Sätze, die er beim Vorstellungsgespräch sagen kann. Er lernt schnell.

Das Vorstellungsgespräch mit Maske und Abstand verläuft freundlich. Doch leider stellt sich heraus, dass er wohl doch nicht der geeignete Mann für diese Stelle ist. Herr B. hat dennoch die wertvolle Erfahrung gemacht, dass er als Roma nicht automatisch abgewertet wird.

Am Abend dieses vorerst letzten Tages in Schwanewede bekommt er den Laptop eines Ehrenamtlichen geliehen, damit er in Skopje möglicherweise an einem Online-Deutschkurs des Goethe-Instituts teilnehmen kann. Das Geld für einen Sprachkurs hat er von der WunderTruhe, der Kleiderkammer der Ökumenischen Initiative, erhalten.

Wenige Stunden vor der Abreise nach Skopje atme ich auf. Mehr konnten wir in diesen wenigen Tagen nicht erreichen.

Auch als Herr B. in Mazedonien ist, bleibt eine Menge zu tun. Er besorgt in großer Geschwindigkeit alle notwendigen Papiere für die Handwerkskammer. Diese soll die Gleichwertigkeit seiner Ausbildung prüfen.
Die Prüfung der Papiere durch die Handwerkskammer könne einige Monate in Anspruch nehmen,

erfahre ich, doch zu meiner Überraschung erhalte ich das Ergebnis bereits nach sieben Tagen.
Seine Ausbildung als Anlagenmechaniker für Sanitär-, Heizungs- und Klimatechnik wird teilweise anerkannt. Die fehlenden Inhalte könne Herr B. durch ein Praktikum von 15 Monaten in einer Firma nachholen.

Ich erkundige mich bei der Ausländerbehörde nach den Voraussetzungen für ein solches Praktikum und erfahre, dass nach jetzigem Stand Deutschkenntnisse auf dem Niveau A2 notwendig seien. Herr B. müsse außerdem während seiner Praktikumszeit insgesamt 1000 € brutto verdienen. Die Firma könne von seiner Ausbildung profitieren und ihn während des Praktikums bereits als Fachkraft voll einsetzen. Sie solle ihm aber einiges zeigen und erklären. Schulbesuch sei nicht mehr nötig.

Herr B. ist also gefordert. Hoffentlich wird er schnell das erforderliche Deutschniveau erreichen.
Manchmal fühlt er sich müde. Ich mich auch. Doch er vertraut mir und ich vertraue ihm. Seine Kinder und seine Partnerin brauchen ihn und sehnen sich nach ihm. Wir werden eine Arbeitsstelle finden.

Anders ist es nicht vorstellbar.

Ein Gedicht kann berühren —
Eine Berührung kann wie ein Gedicht sein.

Mein Weg

In den intensiven Tagen der Begegnung mit Herrn B. und seiner Familie, die ich im vorherigen Kapitel beschrieben habe, erreichte ich meine persönliche Grenze. Gedicht-Gedanken, die in mir aufstiegen, halfen mir, das Erlebte zu verstehen und zu bewältigen.

Nein, jeden Weg
gehe ich nicht.
Nicht auf jeden Weg
lasse ich mich ein.

Aber dem Weg
der mich berührt
von Kopf bis Fuß
dem folge ich.

Solange er mich führt.

Ein Anruf
reißt mich heraus
aus gemütlichem Morgen
Eine Familie
hat große Sorgen

und schon befinde ich mich
mittendrin.

Ablehnungsbescheid.
Bin ich bereit
mich einzulassen?
Mich mit diesem Schicksal
zu befassen?

Ich versuche zu verstehen
möchte hinter die Kulissen sehen
und merke plötzlich
in einem Moment
dass es wirklich brennt.

Kommt es auf mich an?

Ja, sehr.
Jeder meiner Schritte sagt mir
wer
ich in der Tiefe bin.

Ich spüre Sein und Sinn.

Im Tsunami
der Ereignisse, Gefühle und Gedanken
strudle ich mit
spüre Abgrund
der verschlingen will

doch dann wird es still.

Eine Taube mit buntem Gefieder
lässt sich auf dem höchsten Ast
eines Baumes nieder.

Ich höre sie sagen:
Auch an stürmischen Tagen
bemüh' dich um weite Sicht.
Ruh' aus
Verzage nicht!

Wer sieht das Menschliche
hinter dem Recht?
Mir geht es schlecht.
Diese Ausnahmesituation…
Welche Behörde erkennt sie schon?

Wenn der Buchstabe des Gesetzes regiert
dies in die Enge führt.
Da hilft kein Einsatz,
keine Träumerei.

Eine Hoffnung ist
vorbei.

Wenn der Buchstabe regiert
dies auch manchmal in die Weite führt.

Per Gesetz
darfst du bleiben.
Niemand wird dich mehr vertreiben.

Du hast ein deutsches Kind.
Dies dein Schicksal jetzt bestimmt.

Nimm es freundlich an.
Auch ohne deinen Mann.

Abschied

Dankbarkeit und Trauer
berühren mich
füllen mein Herz

Tränengrenze.
Melancholie.
Schwere.
Mut.

So ist es gut.

Mein eigenes Leben
erwacht neu.

Dein Weg war verbaut.
Mauern rissen wir ein.
Über Geröll und Gestein
gehst du jetzt
allein.

Ich begleite dich.
Doch nur in Gedanken.

So kann ich Kraft
für mich selber tanken.

Warten können
Loslassen
Durchhalten

Innere Kräfte neu entfalten

Ende offen
Auf die beste Lösung hoffen

Gott gebe mir die Gelassenheit,
Dinge hinzunehmen, die ich nicht ändern kann,
den Mut, Dinge zu ändern, die ich ändern kann,
und die Weisheit,
das eine vom anderen zu unterscheiden.
Friedrich Christoph Oetinger

Selbst-Findung

„Du bist eine Frau für aussichtslose Fälle."
Das vernehme ich aus dem Mund eines Freundes, und es ist sogar ernst gemeint.

Es empört mich. Ich fühle mich in meinem Engagement nicht ernst genommen und höre innerlich den Vorwurf: „Warum mischt du dich da ein? Es lohnt sich nicht. Du vergeudest deine Energie."

„Schon manches schien aussichtslos, und hinterher gab es doch einen Weg", antworte ich. Außerdem störe ich mich daran, jemanden als „Fall" zu betrachten. Immer geht es um Menschen mit ihrem ganz besonderen Leben.

Ich bin verärgert und enttäuscht. Wie kann ich im Voraus wissen, ob etwas geändert werden kann oder nicht?

„Du bist eine Frau für aussichtslose Fälle."
Warum kommt diese Feststellung so irritierend bei
mir an?

Sie passt genau in das Schema: „Gudrun, du machst
zu viel. Du lässt dich ausnutzen. Wer eine Flucht
geschafft und den Weg nach Deutschland gefunden
hat, kann vieles allein erledigen."

Das stimmt – und es stimmt auch nicht.
Zu manchen Geflüchteten nehme ich Abstand, aber
nicht von Anfang an. Das Risiko, dass meine Mühe
nicht anerkannt und sogar missverstanden wird, ist
immer da, doch für mich ist das zweitrangig. Wenn
ich den Eindruck gewinne, mein Tun erleichtert die
Situation, dann werde ich aktiv.

„Du bist eine Frau für aussichtslose Fälle."
Plötzlich geht mir ein Licht auf.
Ich könnte diese Äußerung auch von der humorvol-
len Seite sehen.
Stimmt. Der Freund, über den ich mich eben noch
aufregte, hat recht.
Es zeichnet mich aus, dass ich nicht aufgebe, nur
weil etwas aussichtslos erscheint.
Im Gegenteil: Äußerungen wie diese stacheln mich
an. Mein Durchhaltevermögen und meine Entschlos-
senheit führen mich an meine Grenzen, aber auch in
meine Freude.

„Du bist eine Frau für aussichtslose Fälle."
Mir fällt ein: Diese Äußerung könnte mich sogar mit Stolz erfüllen.
So manches, was als aussichtslos eingestuft wurde, verwandelte sich ins Gegenteil.

Ich denke an ein erfolgreiches Kirchenasyl für einen jungen Mann aus Liberia. Er musste nicht nach Italien zurückkehren. Sein Asylverfahren wurde von der Bundesrepublik übernommen.

Ich denke an einen Entschluss des Verwaltungsausschusses der Gemeinde Schwanewede, der auf meinen Protest hin zurückgenommen wurde. Geflüchtete Familien mit ihren Kindern und alkoholabhängige Obdachlose mussten nicht – wie zuvor beschlossen – unter einem Dach zusammenleben.

Ich denke an mehrere Familien aus den Balkanländern. Die meisten wurden zur Rückkehr aufgefordert, doch einige konnten bleiben, u.a. weil wir uns dafür einsetzten.

Ich denke an eine albanische Familie, deren Hoffnung auf ein Leben in Deutschland sich zerschlug. Gemeinsam schmiedete ich mit dem Familienvater vor der Rückkehr in die rauen Berge Nordalbaniens einen Plan, wie er für seine sechsköpfige Familie ein kleines Haus mit Selbstversorgung bauen könne.

Er schien nicht wirklich an die Realisierung zu glauben, erlebte jedoch, wie wir mit Spendenaufrufen und Benefizveranstaltungen eine Grundlage schufen. Jetzt ist er so weit, dass er im Frühjahr 2021 Fenster und Türen in sein Häuschen mit drei Zimmern, Bad und Küche einbauen kann.

Ich denke an die so oft als aussichtslos eingeschätzte Lage in Afghanistan.
Zusammen mit der Waldschule Schwanewede, an der ich Lehrerin war, leiste ich seit fast zwanzig Jahren einen Beitrag, dass der Hamburger Verein „Afghanistan-Schulen" in diesem unruhigen Land Hoffnung säen kann.

„Du bist eine Frau für aussichtslose Fälle".
Über diese Äußerung habe ich mich sehr geärgert und mich deshalb intensiv damit auseinandergesetzt.

Die empfundene Ablehnung hat sich zu einem Kompliment gewandelt. Ich bin mir selbst begegnet.

Ja, ich möchte eine „Frau für aussichtslose Fälle" sein.

Geteilte Freude ist doppelte Freude.
(Sprichwort)

Masken

22. Mai 2020

Masken gehören für mich zum Theaterspiel.
Seit Montag, 27. April 2020, gehören sie in Niedersachsen zum Alltag. Ich gewöhne mich in den ersten Wochen schwer daran, fühle mich fremd. Mit einem leichten Schal, den ich mir bei Bedarf über Mund und Nase ziehe, fällt mir die Corona-Maskenpflicht leichter.
Doch als die Temperaturen steigen, wird es zu warm unter dem Tuch.

Also teste ich eine der zehn leichten, weißen Masken, die uns eine Koreanerin geschenkt hat. Sie wurden ihr direkt aus China zugeschickt und wirken sehr praktisch. Ich freue mich über ein so weit gereistes liebevolles Geschenk, fühle mich beim Blick in den Spiegel aber wie in einem Science-Fiction Film.
Auch das Gefühl, nicht richtig atmen zu können, behagt mir nicht.

Und schon erreicht mich das nächste Geschenk: zehn selbst genähte Masken. Frau Holler hat sie genäht und meint, ich kenne bestimmt genug Menschen, die eine Verwendung dafür haben. Gerne stellt sie weiteren Mund- und Nasenschutz her, wenn sich jemand darüber freut. Eine echte Überraschung! Ich bin berührt, suche mir selbst eines dieser kleinen Kunstwerke aus und fahre zum Wochenmarkt.

Auch dort herrscht Maskenpflicht. Überrascht stelle ich fest, wie gut ich durch die neue Maske atmen kann. Der blaue, mit kleinen Blümchen bedruckte Stoff gefällt mir, ich fühle mich wohl und sogar schick. Die anderen neun Masken warten in meiner Tasche auf Interessierte.

Was ich schön finde, verschenke ich gerne. Wer wird sich als nächstes freuen?

Ein elfjähriges Mädchen aus Serbien schaut sich die Marktstände an.
Zehn Wochen lang hat sie die Schule nicht betreten, aber bald soll Unterricht in Klassenräumen wieder möglich sein.
„Ich habe eben selbst genähte Masken geschenkt bekommen. Möchtest du eine davon haben?", frage ich sie und zeige ihr meine Kollektion. Sie sucht sich das gleiche Modell aus, das ich trage.
Ich biete ihr an, eine weitere Maske für ihre Mutter mitzunehmen.
Ihr Lächeln zeigt, dass dieses Geschenk gelungen ist.

Ich bin gespannt, wie das Masken-Abenteuer weiter geht.

Auf dem Rückweg vom Markt begegne ich einem jung gebliebenen Paar, das mich immer wieder beeindruckt: Er ist weit über 80, gemeinsam sind beide oft zu Fuß unterwegs.

Ich habe das Thema „Masken" im Kopf und spontan frage ich, wie es ihnen damit gehe. Die Frau zeigt mir ihr aus einem Küchentuch gefertigtes Exemplar. Sie meint: „So richtig gut sitzt es nicht."

Das ist meine Gelegenheit: „Diese schönen Masken habe ich eben zum Weiterschenken geschenkt bekommen! Möchtet ihr eine?"

Sie zögern zunächst, doch dann sucht sie sich das Modell mit aufgedruckten Turnschuhen aus. Er folgt ihrer Wahl. So tragen sie jetzt Partnerlook. Ich schmunzle, es macht mir Freude.

Ich treffe Jerry. Der junge Liberianer arbeitet in der Altenpflege. Er trägt eine Stoffmaske, doch sie ist ihm zu groß. Gerne lässt er sich eine perfekt passende Maske aus blauem Stoff schenken. „Probiere die Maske bei deiner Arbeit aus. Wenn sie dir angenehm ist, dann schenke ich dir noch eine."

Am nächsten Morgen – es ist Pfingsten – gehe ich zum Gottesdienst und stecke vorsorglich zwei Masken zum Verschenken ein. Ich bin gespannt.

„Mehr als zehn Minuten halte ich das mit meiner Maske nicht aus", höre ich. Meine spontane Antwort lautet: „Ich habe wunderbare Masken, die sehr angenehm zu tragen sind." Im Nu wechseln die beiden Masken ihre Besitzer.

Die letzten beiden Masken erhalten mein Mann und meine Tochter, die sich ebenfalls darüber freuen. Die eigene Familie darf nicht zu kurz kommen.

Innerhalb von zwei Tagen habe ich also die nützlichen kleinen Stoffe mit Gummiband auf meinem Weg durch den Ort weitergegeben. Ich wundere mich, wie humorvoll ich jetzt mit dem Mund-Nasenschutz umgehen kann.

Die zehn Masken waren Anlass für berührende Begegnungen.
Ich bin auf meinem persönlichen Weg zur inneren Lockerung.

Wenn der Weg unendlich scheint
und plötzlich nichts mehr gehen will,
gerade dann darfst du nicht zaudern.

Dag Hammarskjöld

Die lange Straße

In seinem Heimatland hatte sich ihm diese Chance nie geboten.

Jetzt vermittelt Alexander dem 42-Jährigen einen ersten Job: Zeitungszusteller, nur für eine Nacht pro Woche, von Samstag auf Sonntag.

Als Vater von sieben Kindern unterschreibt er den ersten Arbeitsvertrag seines Lebens im Büro eines Print-Logistik-Unternehmens. Alexander und ich sind dabei. Es geht nur um eine geringfügige Beschäftigung, doch dieser Moment fühlt sich an wie der Start in ein neues Leben.

Ein gemeinsames Abenteuer beginnt, denn nur mit Hilfe kann ihm diese Aufgabe gelingen.

Der Familienvater und ich schauen uns den Plan des Zustellgebiets an: zwei lange Straßen und mehrere Querstraßen, also ziemlich übersichtlich. Zur Vorbereitung fahren wir mit dem Rad alle Straßen ab. Das Entziffern der Straßennamen ist nicht leicht, denn die Buchstaben seines Landes unterscheiden sich zum großen Teil von unseren. Die Hausnummern sind manchmal schwer zu entdecken, und so manchen Briefkasten finden wir nicht sofort.

Wir verabreden uns mehrmals, um das Gebiet bei Tageslicht zu erforschen und fühlen uns für die erste Nacht gut vorbereitet.

Doch im Dunkeln wirkt alles ganz anders.

Um 3.00 Uhr nachts treffen wir uns an der Ablagestelle für die Zeitungsbündel.

Dort packt gerade eine geübte Austrägerin ihre Zeitungen in Fahrradtaschen. Wir sprechen sie an, und als sie unsere Stapel sieht, staunt sie: „Das ist aber eine Menge!"

Vor uns liegen Pakete mit zwei verschiedenen Ausgaben der Lokalzeitung: eine für Abonnenten und eine für Nicht-Abonnenten. Sie sagt, dass sie nur eine Ausgabe austrage, denn zwei verschiedene, das sei ihr viel zu anstrengend. Wir hören ihr interessiert zu, lassen uns aber nicht entmutigen.

Die Zustellerin hilft uns, das Blatt mit den besonderen Hinweisen für diese Nacht zu verstehen: wer wegen Abwesenheit keine Zeitung bekommen soll, wer neu abonniert und wer gekündigt hat.

Unsere 350 Zeitungen passen nicht in die beiden großen Fahrradtaschen. Also lassen wir einen Teil der Pakete an der Ablagestelle liegen, um sie später abzuholen.

Zielstrebig machen wir uns auf den Weg. Für die gesamte Arbeit ist eine Entlohnung von 3 ½ Stunden vorgesehen. Wir schauen auf die Uhr. Es sind bereits zwanzig Minuten vergangen, ehe wir voll bepackt losfahren.

Nein, schnell sind wir wirklich nicht, obwohl wir uns um Geschwindigkeit bemühen.

Immer wieder stellen wir uns unter eine Laterne oder schauen mit der Taschenlampe auf die Namensliste. Wer bekommt welche der beiden Ausgaben der Tageszeitung?

Die Hausnummern sind in der Dunkelheit oft kaum zu lesen. Da hilft es auch nicht, dass der Vollmond ab und zu hinter den Wolken hervorlugt.

Wie zwängt man eine dicke Zeitung durch einen kleinen Briefkastenschlitz?

Bei vielen Briefkästen gibt es Rollen für Zeitungen. Mit der einen Hand die Zeitung zusammenrollen, während wir in der anderen Hand mehrere Zeitungen tragen, das wirkt auf uns zunächst ziemlich kompliziert.

Bloß kein Haus übersehen, keine Zeitung verwechseln! Das Fahrrad schnell an einen Baum oder Zaun gestellt – und es kippt mitsamt der Zeitungstaschen um.

Wie soll er das jemals alleine schaffen? Wird er die Tour bewältigen können? Wird er die Veränderungen, die sich in dem Zustellbezirk von Woche zu Woche ergeben, verstehen?
Wie wird es sein bei Regen, Wind und Glatteis?
Und ich? Wie lange sollte ich ihm helfen?
Es sind keine förderlichen Gedanken, die mir da durch den Kopf gehen.
Was er denkt, weiß ich nicht. Er ist darauf konzentriert, so schnell wie möglich zu sein und dennoch alles richtig zu machen.

Nach sieben Stunden sind wir fertig. Unsere Tour hat zu zweit doppelt so lange gedauert wie für eine Person vorgesehen. Und das trotz ständiger Eile.

Zu Hause bastle ich an einem Plan, schreibe die vorgegebene Liste übersichtlicher um und denke auch nachts an Straßen, Hausnummern und Briefkästen. Meine Gedanken kreisen. Die Aufgabe muss doch durch geschickteres Vorgehen zu vereinfachen sein.

Bei Tageslicht fahren wir noch einmal Straße für Straße ab, wollen uns merken, wo welche Zeitung hingehört. Eine Woche lang sind wir täglich ein bis zwei Stunden unterwegs.
Oft lachen wir, denn wir sind uns einig: Er lernt neue Wörter, und ganz nebenbei trainieren wir unser Gedächtnis. Außerdem tut uns die Bewegung an

frischer Luft gut. Gleichzeitig scheint die Aufgabe zu schrumpfen. Die beiden langen Straßen teilen wir in kleinere Abschnitte auf. Sie werden mit jedem Tag übersichtlicher.

„Man darf nie an die ganze Straße auf einmal denken." Diese Worte von Beppo, dem Straßenfeger aus dem Buch „Momo" von Michael Ende, ziehen durch meinen Kopf.
Beppo sagt sie zu seiner Freundin Momo, die ihm durch ihr aufmerksames Zuhören tiefsinnige Weisheiten entlockt.
„Man darf nie an die ganze Straße auf einmal denken, verstehst du? Man muss nur an den nächsten Schritt denken, an den nächsten Atemzug. … Dann macht es Freude, das ist wichtig, dann macht man seine Sache gut. Und so soll es sein. … Auf einmal merkt man, dass man Schritt für Schritt die ganze Straße gemacht hat. Man hat gar nicht gemerkt wie, und man ist nicht außer Puste."
Nicht alles auf einmal wollen…
Das ist Beppos täglich erfahrene Erkenntnis.
Ich erlebe, wie seine Gedanken, die mich schon lange begleiten, neu in mir aufwachen und mich ermutigen.

Immer wieder entwickele ich neue Pläne, in welcher Reihenfolge die Straßen abgefahren werden sollten, um Zeit zu sparen. Es lässt mich schmunzeln, dass ich mich mit der Logistik des Zeitungsaustragens befasse. Mir macht es Spaß und der Familienvater nimmt seinen ersten Job ernst.

Was zunächst schwierig aussieht, ist meistens doch zu bewältigen.

Bald braucht er meine Hilfe nicht mehr. Nach wenigen Wochen Einführungszeit sorgt er selbständig und zuverlässig dafür, dass die Zeitung in seinem Zustellbezirk sonntagmorgens pünktlich auf dem Frühstückstisch liegt.

Reklamationen gibt es so gut wie nie.

Inzwischen trägt auch seine Frau Zeitungen aus, eine Werbezeitung, ebenfalls einmal pro Woche.
Er hilft ihr dabei.

Außerdem unterstützt er Alexander, durch den er seinen Zeitungsjob bekam, bei der Haus- und Gartenarbeit. Er unterschreibt einen zweiten Vertrag als geringfügig Beschäftigter.

Sein Leben ist in Bewegung geraten. Das Arbeitsamt gewährt ihm einen Gutschein für ein Coaching. Die Trainerin ermutigt ihn und verfasst mit ihm einen ansprechenden Lebenslauf.

Und dann überrascht er uns alle: Noch bevor das Coaching abgeschlossen ist, sucht er im Internet nach einer Arbeitsstelle, findet die Annonce einer Reinigungsfirma, ruft an, wird zum Vorstellungsgespräch

eingeladen und erhält bereits während des ersten Treffens einen Arbeitsvertrag für fast vierzig Stunden pro Woche. Jetzt ist er im Besitz einer sozialversicherungspflichtigen Stelle.
Ein lang herbeigesehnter Wunsch ist in Erfüllung gegangen.
Er reinigt seitdem Schulräume, so wie sein Vater es früher auch getan hat.

Nicht immer geht es ihm gut, doch seine gesundheitlichen Probleme und seine belastende Vergangenheit rücken in den Hintergrund. Er zögert nicht, sich auf die Gegenwart zu konzentrieren und möchte seine Tätigkeiten gewissenhaft ausführen.

Seine Frau und die Kinder fühlen sich durch ihn angespornt. Er schenkt ihnen viel liebevolle Zärtlichkeit. Sie alle lernen, sich etwas zuzutrauen und erfahren, dass das Leben ihnen Gutes schenkt, wenn sie Schritte nach draußen wagen.

Beim Gedanken an die Entwicklung dieses Familienvaters und die Auswirkungen auf die gesamte Familie kommt mir oft das Bild einer sich nach und nach entfaltenden Rose in den Sinn. Auch diese braucht Bedingungen, damit sie wachsen kann.
Danach blüht sie von alleine und bringt andere zum Staunen.

Auch eine schwere Tür
hat nur einen kleinen Schlüssel nötig.
Charles Dickens

Akte geschlossen

26. November 2020:
Ich klappe den dicken Ordner zu.
Akte geschlossen!
Ein Meilenstein ist geschafft.

Schnell bringe ich meinen letzten Brief an die Härtefallkommission auf den Weg. Fast andächtig lasse ich ihn durch den Schlitz des Briefkastens fallen.
Erstaunt stelle ich fest, wie erleichtert ich mich plötzlich fühle. Mit wenigen Sätzen habe ich meinen Antrag an die Härtefallkommission zurückgezogen.
Etwa zwei Jahre lang schickte ich regelmäßig Berichte und Stellungnahmen dorthin.
Jetzt ist der Moment gekommen für neue Wege.

Damals, Ende Juli 2018, war Eile geboten.
Ich kannte die Familie nur oberflächlich, traf aber den Vater gelegentlich unterwegs und fragte ihn dann, wie es ihm, seinen Kindern und seiner Frau gehe. Manchmal merkte ich ihm seine Sorgen an.
Als ich ihm an einem Sommertag wieder begegnete, wusste ich: Jetzt geht es ihm richtig schlecht.

Wir wechselten ein paar Worte und er zeigte mir einen Brief, den er von der Ausländerbehörde erhalten hatte. Alarmstufe Rot!

Wenn er nicht innerhalb weniger Tage sein Einverständnis zur sogenannten freiwilligen Ausreise gebe, würde die Abschiebung für ihn und seine Familie eingeleitet.

Die Familie hatte einen Rechtsanwalt, der sich für ihre aufenthaltsrechtlichen Belange einsetzte.
Ich rief in der Kanzlei an, doch der Rechtsanwalt war im Urlaub.
Was konnten wir tun?

Uns blieben nur drei Tage Zeit. Schnell wurde mir in Gesprächen mit der Familie klar, dass eine Rückkehr in unvorstellbarer Trostlosigkeit und Verzweiflung enden würde. Dies war unter allen Umständen zu verhindern!
Zum Glück wusste ich, wie man einen Härtefallantrag schreibt. Einen anderen Ausweg sah ich nicht und fand bei der Formulierung meines Antrags offensichtlich Worte, welche die Härtefallkommission überzeugten.
Schon wenige Tage nach meiner Eingabe erhielt ich die Nachricht, dass diese zur Beratung angenommen wurde. Ein Felsbrocken fiel mir vom Herzen, denn wir gewannen Zeit, um nach Lösungen zu suchen.

Wie viel Zeit, das wussten wir nicht. Aber mit einigen Monaten konnten wir schon rechnen, bis sich die Härtefallkommission zur Beratung über meinen Antrag zusammensetzen würde.

Vermutlich trugen die Kontaktbeschränkungen in Zeiten von Corona dazu bei, dass erst nach gut zwei Jahren die über das Schicksal der Familie entscheidende Sitzung der Härtefallkommission stattfinden sollte.

In dieser Zeit ging die Familie beständig von Fortschritt zu Fortschritt und mühte sich nach Kräften, alles zu tun, was sie konnte. Ich erhielt das absolute Vertrauen der Eltern und eine Vollmacht, mich mit allen Einrichtungen des öffentlichen Lebens für sie in Verbindung setzen zu dürfen.

Damit die positive Entwicklung in die Entscheidung der Härtefallkommission einfließen konnte, sammelte ich Stellungnahmen von Betrieben, Ärzten, Kindergärten und Schulen. Neben dem eigentlichen Antrag formulierte ich weitere sieben Zwischenberichte für die Kommission.

Es war eine Zeit der beständigen Hoffnung.

Und jetzt war mein letzter Brief unterwegs. Ich zog meinen Härtefallantrag zurück. Dieser wurde überflüssig, da sich die Aufenthaltsbedingungen auf einem anderen Weg zum Positiven geändert hatten.

Die älteste Tochter der Familie wurde Anfang November vierzehn Jahre alt. Sie hatte seit mehr als vier Jahren die Schule in Deutschland besucht und war eine gewissenhafte Schülerin. Damit waren die Bedingungen für einen Aufenthaltstitel erfüllt.

Aber bedeutete ein einziger Aufenthaltstitel wirklich, dass die ganze Familie vorerst bleiben konnte? Ich wollte ganz sicher sein und rief die Ausländerbehörde an. Die zuständige Sachbearbeiterin bestätigte, es gebe auf lange Sicht keine Gefahr für den Aufenthalt der Familie. Mir fielen weitere Steine vom Herzen.

Ich erfuhr außerdem, der Vater könne durch einen Einbürgerungstest einen weiteren Schritt für einen gesicherten Aufenthaltsstatus unternehmen.

Als ich ihm das sage, ist er hoch motiviert. Politik interessiere ihn. Er will sich auf die neue Aufgabe einlassen und ist sich meiner Hilfe gewiss.

Die 330 Fragen des Tests werden ihn sicherlich vor sprachliche Herausforderungen stellen, doch die Zukunftsperspektive, einen dauerhaften Aufenthalt zu erlangen, ist jede Anstrengung wert.

Die Begleitung dieser Familie bleibt spannend und wird mein Leben weiterhin wesentlich berühren.

Mut steht am Anfang des Handelns,
Glück am Ende.

Demokrit

Die Hochzeit

Eine Romafamilie lebt auf.
Ihr Aufenthalt in Deutschland scheint weniger und weniger gefährdet.
Der Familienvater geht einer Arbeit nach, die er kann und mag.
Die Kinder besuchen regelmäßig Schule und Kindergarten.
Die Mutter kümmert sich um den Haushalt.
Sie wirkt stark und ausgeglichen. Einmal pro Woche trägt sie für einige Stunden Zeitungen aus. Sie äußert den Wunsch, mehr zum Lebensunterhalt beizutragen, wenn die Kinder größer sind.

Ich begleite die Familie ehrenamtlich, so gut ich kann.
Gemeinsam füllen wir Formulare aus.
Manchmal wird nach dem Familienstand gefragt: verheiratet, ledig, geschieden oder verwitwet.
Wie selbstverständlich kreuze ich an: verheiratet.
Irgendwann begreife ich: Nach deutschem Recht sind die Eltern nicht verheiratet. Sie gaben sich ein Versprechen in einer Moschee, was bei uns nicht als Ehe

anerkannt wird. Also kreuze ich ab jetzt „ledig" an. Auf die Eltern und mich wirkt das sehr komisch.

Sie entschließen sich, offiziell zu heiraten.
Um dieses Vorhaben in die Tat umzusetzen, begibt sich der Familienvater per Bahn auf den Weg zum nächstgelegenen Konsulat seines Herkunftslandes. Dort stößt sein Anliegen auf bürokratische Widerstände, weil sein Familienname in offiziellen Papieren mal mit „h", mal ohne „h" geschrieben wird.

Er fährt ein zweites Mal zum Konsulat und fühlt sich erneut mit seinem Anliegen nicht ernst genommen. Dieser Weg scheint nicht weiterzuführen.

Also fragen wir im Schwaneweder Rathaus nach und vereinbaren einen Termin mit der Standesbeamtin. „Heiraten ist möglich", erklärt diese freundlich, „wenn die erforderlichen Papiere vorliegen: internationale Geburtsurkunden aller Familienmitglieder und Ledigkeitsbescheinigungen aus dem Herkunftsland."
Der Familienvater kümmert sich sofort darum, und nach und nach treffen alle nötigen Papiere ein.
Die Standesbeamtin geht davon aus, dass einer Heirat nichts mehr im Wege stehe, muss aber den Vorgang abschließend an das Oberlandesgericht Celle weiterleiten.

Zu unserer Überraschung möchte das Oberlandesgericht zwei weitere Voraussetzungen erfüllt sehen: eine eidesstattliche Erklärung des Paares zur Ehelosigkeit und eine Begründung, warum es heiraten möchte.

Also führe ich ein Gespräch mit den Eltern und den größeren Kindern über die Gründe für den Heiratswunsch. Erneut bin ich von dem Zusammenhalt dieser Familie beeindruckt. Ich setze im Namen der Eltern einen Brief für das Gericht auf und schreibe u.a. dies:

„Drei Monate nach unserem Kennenlernen haben wir 2005 in einer Moschee nach islamischem Ritus geheiratet. Wir haben kein Dokument unterschrieben, doch seitdem sind wir füreinander ein Ehepaar.

Wir wünschen uns, eine nach deutschem Gesetz gültige Ehe zu schließen. Wir verstehen uns gut, haben sieben gesunde Kinder und möchten in allen Lebenslagen füreinander zuständig sein.

Außerdem kommen wir der Möglichkeit, für unseren Lebensunterhalt selbst zu sorgen, einen Schritt näher. Das Finanzamt teilte uns mit, dass nur durch eine Heirat der Wechsel in eine günstigere Steuerklasse möglich ist.

Die Vorfreude auf unsere Heirat überträgt sich auf unsere Kinder. Ihnen ist wichtig, dass wir alle nach einer offiziell geschlossenen Ehe den gleichen Namen tragen."

Ich lese den Eltern die Argumente für ihre Ehe vor. Sie sind mit meinen Formulierungen einverstanden und unterschreiben. Vielleicht klappt es ja tatsächlich bald mit der Hochzeit?

Die Antwort des Oberlandesgerichts lässt nicht lange auf sich warten. Die Bedingungen für eine Eheschließung sind erfüllt.
Dass für die Bearbeitung mehr als 100 € verlangt werden, nimmt der Familienvater gelassen hin. Er klagt nicht und bezahlt. Die Beantragung der Heirat hat bisher mehrere hundert Euro gekostet. Auch ein Dolmetscher musste zweimal herangezogen werden.

Die Standesbeamtin schlägt mehrere Hochzeitstermine vor. Wir entscheiden uns für den ersten: Donnerstag, 3. Dezember 2020, 17.00 Uhr.

Wenige Tage vor dem großen Tag schreibt mir der Familienvater eine Nachricht auf Whatsapp.
Er fragt, ob wir die Uhrzeit oder den Tag verlegen könnten. Er müsse und wolle arbeiten, da einige Mitarbeitende erkrankt seien.
Ich rufe ihn an und lege ein entschiedenes Veto ein.
„Hochzeit ist Hochzeit. Wir verschieben nichts. Dir steht ein freier Tag zu."
„Den habe ich schon für die Fahrt zum Konsulat genommen", ist seine Antwort.

„Dann musst du das morgen bei deiner Arbeit irgendwie regeln."

Am nächsten Morgen erhalte ich die erleichternde Whatsapp: Die Hochzeit kann an dem geplanten Termin stattfinden.

An seinem Hochzeitstag steht er um 4.00 Uhr nachts auf, fährt mit dem Linienbus zur Arbeit, reinigt eine Turnhalle, kommt um 9.00 Uhr wieder nach Hause und macht sich erneut auf den Weg.
Heute wird er einen weiteren wichtigen Termin wahrnehmen: um 11.00 Uhr in der Ausländerbehörde der 15 km entfernten Kreisstadt Osterholz-Scharmbeck.
Eine freundliche Sachbearbeiterin überreicht ihm den Aufenthaltstitel für seine älteste Tochter. Endlich hält er diesen herbeigesehnten Ausweis in Händen!

Müde, aber glücklich fährt er auf direktem Weg wieder zur Schule, wo er zwei weitere Stunden Klassenräume putzt. Zurück in Schwanewede, kauft er ein: Blumensträuße und teure Pralinen für die Standesbeamtin und mögliche Gäste, außerdem einiges, um den Abend mit seiner Familie feierlich zu gestalten.

Kurz vor 17.00 Uhr, dem angesetzten Trautermin, halten die Standesbeamtin und drei Ehrenamtliche angespannt Ausschau nach der Familie.

Endlich! Der Bräutigam kommt herbeigeeilt, hinter ihm der Rest seiner Familie.

17.00 Uhr. Der große Moment ist da!

Die Kinder dürfen ins Trauzimmer. Sie erleben, wie ihre Eltern „Ja" sagen und Ringe tauschen. Mehr Personen werden coronabedingt nicht hineingelassen. Deshalb kann es auch keine Trauzeugen geben.

Wir warten vor der Rathaustür.

Plötzlich steht der Bürgermeister vor uns, er möchte zu einer Sitzung. Der Anlass unseres Hierseins sprudelt aus mir heraus. Er lässt sich auf die Situation ein, bittet uns ins Rathaus und stellt spontan eine Tüte mit Geschenken in seinem Büro zusammen.

Als die Familie das Trauzimmer verlässt, verleiht der Bürgermeister dieser Hochzeit durch seine persönliche Gratulation einen besonderen Glanz.

Wir sind gehobener Stimmung. Im und vor dem Rathaus erstrahlt adventlicher Lichterglanz, eine Festbeleuchtung, die schöner nicht sein könnte. Die jüngeren Kinder spielen mit kleinen Geschenken, die ein Ehrenamtlicher für sie mitgebracht hat.

Plötzlich klirrt es: Der Bräutigam hat die Geschenktüte des Bürgermeisters zur Seite gestellt. Die Berührung mit dem Boden war nicht sanft genug. Eine Tasse mit dem Schwaneweder Logo muss ohne ihren Henkel auskommen. Wir lachen. Auch die Polterhochzeit fehlt also nicht! Scherben bringen Glück!

Auf dem Heimweg begleiten wir die Familie.

„Heute ist ein glücklicher Tag", sagt der frischgebackene Ehemann. „Unsere Tochter hat einen Aufenthaltstitel bekommen, und wir haben geheiratet."

Wir freuen uns mit. Wieder zwei Etappen geschafft! Entspannte Heiterkeit liegt in der Luft.

Was dem einzelnen nicht möglich ist,
das schaffen viele.

Friedrich Wilhelm Raiffeisen

Schnelle Entschlüsse

„Wen müssen wir eigentlich fragen, wenn wir auf der Wiese zwischen den drei Hochhäusern ein Fest feiern wollen?"

Beiläufig fiel mir diese Frage ein, als ich im Büro des Fachbereichsleiters für Ordnung und Soziales der Gemeinde Schwanewede saß und es um verschiedene Themen rund um die Geflüchteten ging.

Immer wieder einmal war der Gedanke an ein Fest in diesem Wohngebiet aufgetaucht, doch die Umsetzung in die Tat schien weit entfernt.

Meine Frage fiel auf fruchtbaren Boden. Der Fachbereichsleiter Dieter von Bistram griff sie so interessiert auf, dass die Verwirklichung plötzlich in unmittelbare Nähe gerückt schien. Unsere Integrationsbeauftragte Randa Showeikh könne sich an der Planung beteiligen.

Ich verabredete mich mit Randa in ihrem Büro und wir dachten über einen Zeitpunkt nach. Der Sommer war schon fortgeschritten. Lange durften wir nicht warten, wenn wir im Freien feiern wollten. Wir einigten uns auf einen Termin in vierzehn Tagen.

Womit beginnen?

Als erstes brauchten wir Plakate und Flyer zum Einladen. Dank Randas Kreativität entstand ein sehr bunter Entwurf in leuchtenden Farben. Darauf war u.a. eine fröhlich gestalteter Bus mit Werkzeug und einem lachenden Gesicht zu sehen. Randa hatte im Internet recherchiert und diese „rollende Kinderwerkstatt" entdeckt.

Wir wollten so wenig Müll wie möglich produzieren. Teller, Tassen und Besteck könnten von den in den Hochhäusern Wohnenden mitgebracht werden.

Außerdem wollten wir darum bitten, zum Essen Fingerfood mitzubringen. Im Geiste stellte ich mir dabei vor allem die köstlichen Teigtaschen aus Syrien, Afghanistan und dem Irak vor.

Randa und ich verabredeten einen nächsten Termin mit dem Fachbereichsleiter, um die noch offenen Fragen zu klären.

Dass es alles so reibungslos laufen konnte, überraschte mich.

Die Hausmeister der Gemeinde würden ein Zelt aufbauen und Bänke und Tische mitbringen. Auch für Getränke könne gesorgt werden.

Mit diesem Angebot der Gemeinde Schwanewede waren wichtige Hürden für das Gelingen des Festes genommen. Alles andere konnten wir bewältigen.

Die bunten Plakate hingen Randa und ich in den Hochhäusern auf und luden die dort Wohnenden so weit wie möglich persönlich ein. Randa bestellte eine Hüpfburg und den Bus mit der Kinderwerkstatt. Mit Hilfe der Begegnungsstätte beantragte ich eine finanzielle Unterstützung von „Stiftungen helfen", die sehr schnell und unkompliziert bewilligt wurde.

Zum Glück stand in der kurzen Vorbereitungszeit auch unser monatliches Treffen der Ökumenischen Initiative auf dem Plan. Ich informierte über unser Vorhaben und bat um Entschuldigung, weil alles schon so gut wie durchdacht war, ohne dass wir uns vorher getroffen hatten.

Mir wurde wieder einmal bewusst, wie gut es ist, dass sich in unserer Ökumenischen Initiative alle frei fühlen können, die Wege zu gehen, die sie als sinnvoll erachten. So bleibt die Gruppe lebendig, spontan und offen für Überraschungen. Wir können uns aufeinander verlassen.

Inge bot an, Crêpes zu backen, Carsina schlug vor, eine Seifenblasen-Mischung mitzubringen. Auch Anke, eine engagierte Kindergartenleiterin, sagte ihre Hilfe zu.

Als es soweit war, wehte ein kühler Wind, den wir an einem der letzten Sommertage des Jahres nicht erwartet hatten. Die Hausmeister der Gemeinde ließen sich davon nicht beeindrucken und bauten geschickt ein Zelt auf der Wiese auf. Darunter wurden Tische und Bänke gestellt.

Anke sorgte mit einem Schwungtuch aus dem Kindergarten bereits vor Beginn des Festes für Bewegung und Freude.

Nach und nach kamen überwiegend Frauen aus den Häusern und brachten Köstlichkeiten ihrer Heimatländer mit. Auch der Fachbereichsleiter und der Bürgermeister einer der Schwaneweder Ortschaften befanden sich unter den Gästen.

Dann fuhr der bestellte Bus auf die Wiese und die Hüpfburg wurde aufgeblasen. Die Kinder wollten natürlich alle auf einmal hüpfen, mussten sich aber geduldig in einer Reihe aufstellen. Dass dies gelang, war Anke zu verdanken, die kaum dazu kam, eine Pause einzulegen.
Als der Bus seine Türen öffnete, war die Spannung groß. Fünfzehn Kinder durften gleichzeitig hinein.

Der Fahrer des Busses war auch der Leiter der Kinderaktivitäten. Er bot verschiedene Holzfiguren wie Dinosaurier und Delphine an und zeigte, wie man diese in Schraubstöcke spannt und glatt schmirgelt. Am Schluss malten die Kinder ihre Werke an. War ein Kind fertig, konnte ein anderes seinen Platz einnehmen.

Gleichzeitig wirbelten bunte Seifenblasen durch den Wind, und der Duft frischer Crêpes erfüllte die Luft. Den Anwesenden schien es zu gefallen.

Doch wo blieben die Nicht-Geflüchteten aus den Wohnblöcken? Deren Kinder waren teilweise gekommen, aber kaum Erwachsene. Einige saßen auf den Treppenstufen ihres Hochhauses und beobachteten das Treiben aus sicherer Entfernung. Waren die Berührungsängste zu groß?

So schnell wie dieses Fest vorbereitet wurde, so schnell war es auch wieder vorbei.
Nach etwa drei Stunden räumten wir gemeinsam auf. Die Frauen nahmen das benutzte Geschirr mit in ihre Wohnungen und die Hausmeister bauten das Zelt wieder ab. Herumliegenden Müll gab es so gut wie nicht, und auch die Müllbeutel waren kaum gefüllt, obwohl eine der Bewohnerinnen in bester Absicht schnell noch 100 Plastikbecher gekauft hatte.

Dieses Fest war ein Versuch. Unser Ziel war es, die Menschen aus den Hochhäusern zusammenzubringen, Resignation aufzubrechen und ein besseres Miteinander zu fördern. Das haben wir nur teilweise erreicht, doch jeder Weg beginnt mit dem ersten Schritt. Das gute Zusammenwirken aller Beteiligten und die Freude der erschienen Gäste weckt Hoffnung auf weitere Begegnungen dieser Art.

Nur wer sein Ziel kennt,
findet den Weg.

Laotse

Einladen

Wenn wir Geflüchtete zu den Angeboten unserer Ökumenischen Initiative einladen und manchmal nur wenige kommen, tauchen Zweifel bei uns Ehrenamtlichen auf.
Oft höre ich dann: „Schade, aber so ist es. Wir laden ein, mehr als anbieten können wir nicht."

Auch uns erreichen Einladungen. Wir können fast kostenlos Seminare zum Thema „Flucht und Migration" besuchen und nehmen ebenfalls nicht alle Angebote wahr.

Ich fahre zu manchem Seminar, weil ich mich gerne mit Ähnlichgesinnten austausche und Neues erfahre. Meist nehme ich den Zug, um dorthin zu gelangen. Es ist wie ein kurzer Urlaub. Mit neuer Energie widme ich mich danach wieder den Aufgaben, die auf mich zukommen.
Oft erfahre ich von interessanten Projekten. Wenn mir diese sinnvoll und durchführbar erscheinen, stelle ich einen Antrag und setze bei Bewilligung alles daran, genug Teilnehmende zu finden.

Eine frühzeitige allgemeine Information kann erstes Interesse wecken, reicht aber meistens nicht aus. Kurzfristige Einladungen versprechen größeren Erfolg.

Fast alle Geflüchteten haben ein anderes Zeitverständnis als wir. Bei unerwartetem Besuch hat Gastfreundschaft in der Regel Vorrang, vereinbarte Termine verlieren an Wichtigkeit.

Immer wieder machen wir diesen kulturellen Unterschied im Gespräch miteinander zum Thema. Oft siegt jedoch das gewohnte Verhalten.

Einladen, ohne zu bedrängen, Freiheit lassen und dennoch Verbindlichkeit einfordern, häufig stehe ich vor diesem Spagat.

Dieses Mal, im Oktober 2019, lade ich zu einem zweitägigen Laptop-Kurs für Frauen aller Kulturen ins Gemeindehaus ein.

Die Kursleiterin wird mit zwölf Laptops im Gepäck aus Hannover anreisen. Gefördert wird das Projekt von Kargah, einem Verein für interkulturelle Kommunikation, Migrations- und Flüchtlingsarbeit, und durch das Niedersächsische Ministerium für Soziales, Gesundheit und Gleichstellung.

Wir nehmen im dritten Jahr daran teil. Ich möchte besonders diejenigen ansprechen, die diesen Kurs noch nicht kennen. Entschlossen mache ich mich auf den Weg von Tür zu Tür und werde fast immer zu einer Tasse Tee eingeladen.

Um Sprachhindernisse zu überwinden und Interesse zu wecken, zeige ich Collagen, auf denen die teilnehmenden Frauen der ersten beiden Jahre an ihren Laptops zu sehen sind. Mit Hilfe dieser Fotos erkläre ich das Projekt.

- *Sechs Stunden sitzen? Das ist viel.*
- Ja, an zwei Tagen jedes Mal sechs Stunden.
- *Nur zwei Tage?*
- Ja, zwei Tage.
- *Jede Woche zwei Tage?*
- Nein, nur nächsten Mittwoch und Donnerstag.
- *Meine Kinder...*
- Die Kinder dürfen in den Kindergarten.
- *Kindergarten? Wo?*
Ich nenne den Namen des Kindergartens, der sich bereit erklärt hat, die Kinderbetreuung auch über die reguläre Öffnungszeit hinaus zu übernehmen.
- *Ich weiß nicht, wo...*
Wieder ein Zögern, die Teilnahme scheint schwer vorstellbar.
- Ich zeige dir den Kindergarten.

Einige Frauen können sich trotz meiner Überzeugungsversuche nicht auf zwei Tage Laptop-Kurs einlassen, andere sagen zu. Zwei Tage vor Kursbeginn habe ich zwölf Anmeldungen von Frauen aus Syrien, Afghanistan und dem Kosovo. Auch zwei deutsche Frauen wollen teilnehmen.

Am ersten Tag kommen alle.
Uschi, die Kursleiterin, erklärt freundlich und kompetent einfache Schritte zur Anwendung eines Schreibprogramms. Sie fördert die Frauen, aber überfordert sie nicht.

Die Frauen helfen sich gegenseitig. Leila, die erst zwei Monaten in Deutschland lebt und noch kein Wort Deutsch spricht, aber in Syrien zwölf Jahre zur Schule gegangen ist, sitzt neben Layla, die schon mehrere Jahre in Schwanewede wohnt, jedoch in Syrien keinen Schulbesuch erlebt hat. Sie ergänzen sich perfekt.
Beide konzentrieren sich auf die Arbeit am Laptop und verdrängen für einen Moment, dass erneut kriegerische Auseinandersetzungen in Syrien toben.

Abends, als alle wieder zu Hause sind, werden Nachrichten über Nachrichten in unserer Whatsapp-Gruppe geteilt. Mit erschütternden Videos und Fotos, die sie aus ihrer Heimat erhalten haben, drücken die Frauen ihren unsagbaren Schmerz aus. Ich schaue nur ganz zaghaft hin und lösche vieles, bevor ich es zu nahe an mich heranlasse.

Ein Foto jedoch lösche ich nicht: eine unübersehbare Schlange von Menschen auf der Flucht. Ich fühle Ohnmacht und Hilflosigkeit. „Wenigstens den Menschen zur Seite stehen, die es rechtzeitig zu uns geschafft haben, wenigstens das kann ich tun."
Mit diesem Gedanken rette ich mich.

Am zweiten Tag des Laptop-Kurses meldet sich eine Frau krank, eine weitere möchte ihren Sohn im Krankenhaus besuchen. Die anderen arbeiten erneut konzentriert und genießen in der Pause das gemeinsame Essen.

Zehn Frauen erhalten am Ende des Kurses eine Teilnahmebescheinigung. Sie haben einige gemeinsame Stunden erlebt und etwas gelernt.

Vielleicht konnten sie auch etwas Abstand nehmen von den bedrückenden Ereignissen in ihrer Heimat.

Oktober 2020

Ein Jahr später spricht es sich überraschend schnell herum, dass wieder ein Laptop-Kurs für Frauen angeboten wird. Mehrere Frauen wollen ein zweites Mal daran teilnehmen. Deshalb läuft es mit den Einladungen wesentlich unkomplizierter als im Vorjahr.

Dieses Jahr müssen wir wegen Corona einige Vorsichtsmaßnahmen treffen. Damit jede Frau allein an einem Tisch sitzen kann und die Abstände den Vorschriften entsprechen, wird uns im Gemeindehaus der größte Saal zur Verfügung gestellt.

Der Kindergartenbesuch ist in dieser Situation nicht erlaubt. Stattdessen dürfen zwei Praktikantinnen in das Gemeindehaus kommen, um die Kinder dort zu betreuen.

Am ersten Tag machen sich alle Frauen mitsamt ihren Kindern rechtzeitig auf den Weg. Die Stimmung ist gut, die Aufnahmebereitschaft ebenso.
Am zweiten Tag bekomme ich Bauchschmerzen.
Zur angegebenen Uhrzeit finde ich einen fast leeren Saal vor. Mehrere Mütter und deren Kinder sind nicht da.

Habe ich diesmal im Vorfeld nicht genug erklärt, weil alles so reibungslos lief? Haben die Frauen nicht verstanden, dass der Kurs an zwei Tagen stattfindet? Oder wird alles als beliebiges Angebot wahrgenommen?
Die Dozentin wartet. Die Praktikantinnen fragen, wo die Kinder bleiben. Mir ist das peinlich.

Diejenigen, die gekommen sind, spüren meine Unruhe. Sie rufen bei den Fehlenden an.

Die Gründe für das Fernbleiben scheinen nicht sehr schwerwiegend zu sein. Nach und nach eilen die Frauen und Kinder herbei.

Der schleppende Beginn liegt mir noch eine Zeitlang im Magen, während die Teilnehmerinnen konzentriert und frohen Mutes an ihren Laptops arbeiten.

Als ich einige Tage später einer ebenfalls in der Flüchtlingsarbeit Engagierten von diesem Kurs und meinen Bauchschmerzen erzähle, höre ich Kritik. „Meinst du wirklich, für diese Frauen ist ein Laptop-Kurs das richtige? Brauchen sie nicht etwas ganz anderes?"

Nanu? Kann der Sinn dieses Kurses in Frage gestellt werden?
Ich gerate ins Grübeln, frage andere nach ihrer Meinung und komme für mich zu diesem Ergebnis:
Mag sein, dass die Frauen tatsächlich in ihrem Alltag wenig mit einem Schreibprogramm anfangen können. Doch der Umgang mit einem Laptop und dessen Möglichkeiten ist ihnen durch die Teilnahme an diesem Kurs weniger fremd.
In Zeiten von Corona bringen ihre Grundschulkinder einen Laptop oder ein Tablet von der Schule mit nach Hause, um Distanz-Unterricht zu ermöglichen. Da ist es gut, wenn auch die Mütter sich ein wenig auskennen.

Leider wird das Laptop-Projekt für Frauen aller Kulturen im kommenden Jahr nicht mehr gefördert.

Umso dankbarer bin ich, dass wir daran teilgenommen haben, solange die Möglichkeit bestand.

Jeder Schritt hin zu sozialer Teilhabe und Integration zählt.

Ein Baum hat Hoffnung,
auch wenn er abgehauen ist.
Er kann wieder ausschlagen.
Die Bibel (Hiob 14,7)

Sich zurechtfinden

Roula aus Syrien möchte die B1 Prüfung schaffen.
Ich unterstütze sie beim Lernen.

Das Smartphone klingelt. Ihre Mutter, die in Sahnaya
bei Damaskus wohnt, erscheint auf dem Display.
Roula stellt mich vor. Wir lachen, die Mutter schickt
Handküsschen. Ich verstehe ihren Überschwang. Sie
freut sich, dass ihre Tochter im fernen Deutschland
Anschluss gefunden hat.

Nach dem Telefonat wirkt Roula traurig. Ihre Mutter
lebt allein im Haus der Familie, denn ihr Vater starb
im vergangenen Jahr durch einen Autounfall.
Seitdem er so plötzlich unverschuldet ums Leben
kam, ist für die Familie nichts mehr wie es vorher
war. Zum Glück wohnt Roulas Schwester nur einige
Kilometer von der Mutter entfernt und kümmert sich
so gut es geht um sie.

„Es ist alles schwer", sagt Roula. Die alleinstehende
Mutter in Syrien, die deutsche Sprache, die vielen

Vokabeln, die ungewisse Zukunft, das alles scheint ihr manchmal den Boden unter den Füßen wegzuziehen.

Sie ist es nicht gewohnt, den ganzen Tag zu Hause zu sein. Die Decke fällt ihr besonders in Corona-Zeiten auf den Kopf.

Ihre beiden Kinder Meriam und Boloss besuchen die Grundschule, doch der Unterricht findet unregelmäßig oder auf Distanz statt. Sie bemüht sich, ihre Kinder bei den Hausaufgaben zu unterstützen und sagt: „Ich muss gut lernen, damit ich ihnen helfen kann."

In Syrien arbeitete sie zwanzig Jahre lang als Rechtsanwältin. Ihr Mann war Sportlehrer und hatte als Beamter einen sicheren Job. In Schwanewede bekam er beim Bauhof der Gemeinde eine Stelle, sodass die Familie keine Unterstützung durch das Jobcenter mehr benötigt.

Roula weiß, dass sie als 50-Jährige ihren Beruf in Deutschland nicht mehr ausüben wird. „Besteht für mich noch die Möglichkeit, eine interessante Arbeit zu finden?" Das fragt sie sich.

Gute Deutschkenntnisse sind eine Voraussetzung für so vieles. Also konzentriert sie sich darauf, diese zu erwerben.

Sie kocht einen Tee mit syrischen Kräutern, und ich nehme dies zum Anlass, ihr die unterschiedliche Bedeutung der Wörter „Unkraut", „Wildkraut" und „Heilkraut" zu erklären. Neben die neuen Vokabeln schreibt sie arabische Wörter. Mir gefallen die geschwungenen Buchstaben, die sich von rechts nach links mit Pünktchen und Häkchen aneinanderreihen.

Gerne möchte ich einen kleinen Einblick in diese fremde Buchstabenwelt gewinnen und einige arabische Ausdrücke lernen. Doch die Töne sind so fremd, die Laute so unbekannt, dass ich sie zunächst nicht aussprechen kann.
Genauso fremd muss den Menschen des arabischen Kulturraums auch unsere Sprache vorkommen.
Was müssen sie alles lernen!
Mein Respekt und meine Geduld wachsen.

Auf dem Fensterbrett steht ein Blumentopf mit einem kleinen Olivenbäumchen. „Ich mag Olivenbäume sehr", sagt Roula. „Unser Ort ist bekannt für die vielen Olivenbäume, von denen einige mehrere hundert Jahre alt sind. Ich bin so gerne zwischen den Bäumen spazieren gegangen."

Sie denkt an die knorrigen Stämme, die im Wind raschelnden silbergrauen Blätter, die reifen Früchte und den Sonnenschein. In den Olivenhainen fühlte sie sich wie in einer friedlichen und schönen Welt.

Doch der Krieg hat alles verändert.

Die Zerstörungen haben vor den Olivenhainen nicht haltgemacht. Die Bäume sind zum Teil verkohlt und werden für Feuerholz geschlagen und verkauft, denn Öl und Gas fehlen.

In ihrem Heimatort ist das Leben durch den Krieg sehr schwer geworden. Strom gibt es unregelmäßig, fließendes Wasser nur einmal pro Woche für wenige Stunden. Dann werden schnell die Wasserkanister auf dem Dach gefüllt. Wer es sich leisten kann, kauft zusätzlich Wasser aus Fahrzeugen, die das begehrte Gut in Behälter pumpen.

Auch die Olivenbäume leiden unter der Knappheit des Wassers.

Roula und ihr Mann Moeen verloren im Krieg mehrere Angehörige.

Sie wohnten mit Moeens Mutter in einem Haus. Als die Mutter schwer erkrankte, gab es aufgrund der Kriegssituation keinerlei Möglichkeit, nach Damaskus in ein Krankenhaus zu gelangen. Sie starb am nächsten Morgen.

Das war der Tropfen, der das Fass zum Überlaufen brachte. Moeen bereitete sich auf die Flucht vor und machte sich auf den beschwerlichen Weg von Syrien über den Libanon in die Türkei, dann mit dem Schlauchboot nach Griechenland und schließlich über die Balkanroute nach Deutschland. Im Notaufnahmelager in Schwanewede fand er eine vorübergehende Bleibe.

Roula blieb mit den beiden zwei- und vierjährigen Kindern zurück und zog in das Haus ihrer Eltern.
Sie arbeitete in der Rechtsanwaltspraxis ihres Vaters.

Moeen konnte die Notaufnahmeeinrichtung bald verlassen und bezog zusammen mit fünf syrischen Freunden eine Vierzimmerwohnung.

Das BAMF erteilte ihm die Flüchtlingseigenschaft, die es ihm erlaubte, seine Familie nachziehen zu lassen. Doch der ersehnte Familiennachzug konnte nicht sofort in die Tat umgesetzt werden, denn zur Ausreise war ein Visum erforderlich. Da die deutsche Botschaft in Damaskus geschlossen war, wandte sich Roula an die deutsche Botschaft in Beirut.

Zwei Jahre lang musste sie auf einen Termin warten, der es ihr ermöglichte, den Antrag für das Visum zu stellen. Sie erhielt schließlich das gewünschte Visum und durfte Mitte Juli 2018 auf legalem und sicherem Weg mit den beiden Kindern von Beirut nach Deutschland fliegen. Der Abschied von ihren Eltern und ihrer Schwester in Syrien fiel so schwer, dass sie sich kaum daran erinnern mag.

Es kostet enorme Anstrengungen, im Alter von fast 50 Jahren neue Wurzeln zu schlagen. Hinzu kommt die Corona-Pandemie.

Roula singt in einem Kirchenchor, seit einem Jahr fallen alle Proben aus. Auch das von der Ökumenischen Initiative angebotene therapeutische Malen darf seit Monaten nicht stattfinden.

Ich bitte sie, mir noch einmal die Bilder zu zeigen, die sie im Gemeindehaus gemalt hat und die bereits in einer Ausstellung der Begegnungsstätte in Schwanewede zu sehen waren.

Auf einem farbenfrohen Bild ist der Innenhof des Hauses ihrer Großmutter mit Kakteen, einem Granatapfelbaum und Reben mit reifen Weintrauben zu sehen. Roulas Bild strahlt Geborgenheit aus.

Ein anderes Bild zeigt starke Olivenbäume, die allen Stürmen zu trotzen scheinen.

Ich wünsche Roula, dass sie die Erinnerung an die Schönheit und Kraft der Olivenbäume in ihrem Herzen bewahren kann und neue Wurzeln schlagen wird.

Inzwischen hält sie das Ergebnis ihrer B1-Prüfung in Händen: Bestanden!

Sie wird weiterhin mutig in ihr neues Leben hineinwachsen.

In der Ruhe liegt die Kraft.

Konfuzius

Elkhansa

„Es freut mich sehr, wenn du meine Geschichte auf-schreibst", sagt Elkhansa, die junge Frau aus dem Sudan, die seit September 2015 mit ihrem Ehemann Ismael in Schwanewede lebt.

Wenn wir uns begegneten, ging es bisher meist um praktische Dinge wie Formulare, Stromrechnungen und Berufsziele. Doch jetzt haben wir uns verabre-det, damit sie aus ihrem Leben berichtet.

Sehr schnell gewinne ich den Eindruck, dass mit Elkhansas Lebensgeschichte ein ganzes Buch gefüllt werden könnte.

Sie erzählt mit ruhiger Stimme:
„Die Region Darfur liegt im Westen des Sudans und ist sehr groß, ungefähr so groß wie Frankreich. Ich bin in Al-Fashir, einer großen Stadt in Nord-Darfur, geboren und aufgewachsen. Eigentlich habe ich in meiner Kindheit und Jugend keinen anderen Ort ge-sehen. Nur einmal lag ich für ein paar Tage in einem Krankenhaus unserer Hauptstadt Khartum.

Zusammen mit meinen Eltern, meinen vier Schwestern und meinem Bruder habe ich in einem kleinen Haus aus Stroh und Lehm gewohnt. Später ließ mein Vater Wände aus Ziegelsteinen bauen. Wir hatten Wasser und Strom, aber nicht immer.

Fünf Jahre wohnte ich in der Universitätsstadt Nyala im Süden Darfurs, studierte Tiermedizin und wurde Tierärztin. Ein- bis zweimal im Jahr fuhr ich mit dem Bus zu meiner Familie. Die 200 km lange Fahrt auf den holperigen Sandstraßen dauerte etwa acht Stunden lang.

Eigentlich ist Darfur sehr schön. Die Sonne scheint, und obwohl die Landschaft sandig und braun wirkt, haben wir starke grüne Bäume: Affenbrotbäume, Mango-, Dattel, Zitronen- und Niembäume. Die Menschen leben mit der Natur. Ich habe beobachtet, wie die Vögel ihre Nester bauen. Ziegen- und Schafherden, Hühner, Esel, Pferde und Kamele gehören zum Straßenbild.

Ich mochte schon immer Tiere. Wenn es einem Tier nicht gut geht, dann tut mir das weh."

Dann wechselt Elkhansa zu einem Thema, das sie sehr belastet.

„In Darfur gibt es leider keine Sicherheit. Heute kannst du vielleicht schlafen, aber für morgen gibt es keine Garantie.

Deshalb konnten wir auch die Schule nicht regelmäßig besuchen. Prüfungen wurden verschoben, und bei meinem Abitur waren Soldaten anwesend.

Einmal flog uns während meines Studiums ein Helikopter zur Prüfung und zurück. Der Grund waren die häufigen Ausgangssperren.

Zum Studium gehörte auch ein einjähriges Praktikum. Ich habe mich besonders gerne um Nutztiere gekümmert."

Sie zögert, bevor sie fortfährt: „Wir lebten in Angst. Regierungstruppen griffen uns immer wieder an. Diese wurden von einer sehr gewalttätigen Gruppe, den Dschandschawid, unterstützt.

Wir rannten vor ihnen weg und versteckten uns in unseren Häusern. Sie plünderten und töteten und schreckten dabei nicht vor Frauen und Kindern zurück.

In Elkhansa tauchen Bilder auf, die sie zurückdrängen möchte.

Ich sage zu ihr: „Einzelheiten werde ich nicht beschreiben. Wer möchte, kann sich im Internet über die Gräuel des Darfur-Konfliktes informieren."

Dem stimmt sie sofort zu. Es macht ihr Sorgen, dass sie ihren Eltern und Geschwistern nicht helfen kann. Der ehemalige Präsident wurde zwar im April 2019 gestürzt, doch es kommt in der Region immer wieder zu Gewaltausbrüchen rivalisierender Gruppen. Menschen werden unter anderem grundlos ihren Familien entzogen und ins Gefängnis gesteckt.

Ein Leben unter solchen Bedingungen ist kaum vorstellbar. Ich verstehe, dass Elkhansa und ihr Mann ihr Land verlassen haben.

In unserem Gespräch berühren wir nur wenige Stationen ihrer Flucht.

Elkhansa berichtet:

„Im Sommer 2014 fuhr uns ein Mann, den wir teuer bezahlten, tagelang mit einem Auto durch die Sahelzone bis nach Libyen. Dort mussten wir mehrere Monate auf unsere Fahrt über das Mittelmeer warten.

Endlich stiegen wir zusammen mit 300 Menschen in ein Holzboot. Es irrte ziellos im Mittelmeer umher. Wir hatten das Gefühl, es könne jeden Moment untergehen. Zum Glück wurden wir nach fünf Tagen von der Besatzung eines großen Schiffs gerettet."

Einen Satz wiederholt Elkhansa mehrmals:

„Nachdem die letzte Person das Holzboot verlassen hatte, ging es unter."

Das bedeutet: Wäre das rettende Schiff nicht gekommen, hätte niemand überlebt.

Ihr ging es so schlecht, dass sie bei der Ankunft in Griechenland sofort einige Tage in ein Krankenhaus eingeliefert wurde.

Danach folgte der beschwerliche Weg über die Balkanroute, bis sie und Ismael im September 2015 das Erstaufnahmelager in Braunschweig erreichten. Dort wurden sie zunächst in einem großen Zelt untergebracht. Elkhansa war die einzige Frau unter vielen Männern. Sie fühlte sich dennoch in Sicherheit, denn ihr Mann war bei ihr und sie befanden sich in Deutschland.

Zwei Monate später wurden sie Schwanewede zugewiesen. Elkhansa erinnert sich dankbar an die Anfänge in ihrem neuen Wohnort. „Wir durften in Schwanewede sofort an Deutschkursen teilnehmen und fühlten uns gut aufgenommen.

Später absolvierte ich einige Praktika, davon eines in einem Kindergarten. Die Kindergartenleiterin bemerkte schnell, dass ich an den Augen der Erwachsenen vorbeischaute. Sie erklärte mir, dass Augenkontakt in Deutschland sehr wichtig sei.

Es war so schwer, mich umzustellen, denn dies widerspricht völlig der Anweisung meines Vaters. Als ich sieben oder acht Jahre alt war, sagte er zu mir, es sei respektlos, wenn man älteren Menschen in die Augen schaue. Seitdem hatte ich sogar mit meinen Eltern keinen Augenkontakt mehr."

Ich reagiere verblüfft, weil ich mir das kaum vorstellen kann. Wie falsch könnte fehlender Augenkontakt in Deutschland gedeutet werden!

Mahnend kommt mir die bekannte indianische Weisheit in den Sinn: „Beurteile nie einen Menschen, bevor du nicht mindestens einen halben Mond lang seine Mokassins getragen hast."

„Am Anfang hatte ich Angst", fährt Elkhansa fort, „denn ich dachte, die Kinder kennen keine dunkelhäutigen Leute, und ich wusste nicht, wie sie auf mich reagieren würden. Doch dann verhielten sie sich mir gegenüber ganz normal und mochten mich. Darüber habe ich mich sehr gefreut."

Trotz dieser positiven Erfahrung im Kindergarten möchte sie am liebsten auch in Deutschland an ihren Beruf der Tierärztin anknüpfen.
Noch weiß sie nicht, wie die Tierärztekammer ihre Diplome einschätzen wird. Falls es mit der Anerkennung ihres Diploms nicht klappen sollte, kann sie sich vorstellen, Erzieherin zu werden.

Die junge Sudanesin ist froh, dass die vielen Jahre der Unsicherheit hinter ihr liegen. Sie strahlt in ihrer gefassten Art viel Würde aus.
Dennoch sagt sie: „In meinem Kopf stellt sich keine Ruhe ein."

Sie erinnert sich an das kunsttherapeutische Projekt der Ökumenischen Initiative, das sie einige Male besuchte.

Marion, die Kunsttherapeutin, bot ihr ein persönliches Gespräch an.

Elkhansa wurde dank dieser Begegnung bewusst, dass gerade in Ruhezeiten Vergangenes in ihr arbeitet und sich Erlebtes nicht einfach abschütteln lässt.

Sie stellt erleichtert fest:

„Mit Marions Erklärung kann ich besser akzeptieren, wie ich mich fühle. Es ist normal."

Am Ende unseres Gesprächs bedanke ich mich bei Elkhansa, dass sie mir so viel Einblick in ihr Leben gegeben hat.

Nicht nur sie ist mir näher gekommen.

Auch der afrikanische Kontinent mit seiner Schönheit und seinen Problemen berührt mich neu.

Es muss von Herzen kommen,
was auf Herzen wirken soll.

Goethe

Zu Hause in der Fremde

„Hier im Gemeindehaus in Schwanewede fühle ich mich zu Hause. Hier habe ich meine ersten deutschen Wörter gelernt", sagt Magd mit einem Lächeln, das seine Augen strahlen lässt.

Ebenso kann sein Gesicht von abgrundtiefer Trauer erfüllt sein, denn der 30-jährige Syrer verließ vor sechs Jahren fluchtartig sein Land, seine Familie und seine Freunde. Auch sein Politikstudium musste er abbrechen.

Nach einem gefährlichen Fluchtweg verschlug es ihn im September 2015 in die ehemalige Schwaneweder Kaserne, die innerhalb weniger Tage zu einer Notunterkunft für ca. 1.000 Flüchtlinge umgebaut wurde.

Seine Überraschung war groß, als er dort Sam traf, der wie er aus Homs stammte und sein früherer Jugendleiter der syrisch-orthodoxen Kirche war. Auch Salim, den er während seines Studiums in Damaskus kennengelernt hatte, stand plötzlich vor ihm.

Im Camp, wie die Geflüchteten die Notunterkunft nannten, waren sie als Christen in der Minderheit. Diese Tatsache stärkte ihr Zusammengehörigkeitsgefühl.

Vor seiner Flucht hatte Magd ehrenamtlich mit der syrischen Caritas zusammengearbeitet. Die Caritas bot Lern- und Spielmöglichkeiten für Kinder an, die wegen des Krieges keinem geregelten Schulbesuch nachgehen konnten. Er engagierte sich, denn Kinder sind ihm ein Herzensanliegen.

Auch in Schwanewede wollte er nicht untätig bleiben. Er konnte sich auf Englisch gut verständigen, doch er wollte auch so schnell wie möglich Deutsch lernen. Also ging er zum Marktplatz, wo die Ökumenische Initiative an einigen Samstagen im Herbst 2015 zu Kaffee und Kuchen einlud. Begegnungen zwischen Geflüchteten und Einheimischen sollten dadurch erleichtert werden.

Bei einem unserer ersten Treffen kam Magd auf uns zu. Er suchte eine Möglichkeit, Deutsch zu lernen. Christel, eine pensionierte Ärztin, die schon viel ehrenamtliche Starthilfe gegeben hatte, drehte sich zu ihm um und sagte entschlossen: „Deutsch unterrichten, das kann ich wohl tun." Daraufhin verabredeten sie sich zum Lernen im Gemeindehaus.

Magd hatte erfahren, dass wir schnell handelten.
So wandte er sich bald nach unserem Kennenlernen
ein weiteres Mal an uns. Im Camp lebe eine Familie
mit einem sechsjährigen Kind, das besonders unruhig
sei. Er fragte uns, ob die Familie das Lager verlassen
und eine Wohnung in Schwanewede erhalten könne.

Wir wussten, dass diese Möglichkeit theoretisch bestand, denn die Notaufnahmeeinrichtung war nur als
vorübergehende Lösung geplant. Die Geflüchteten
sollten von dort aus nach und nach verschiedenen
Gemeinden zugeteilt werden. Auch Schwanewede
musste weitere Flüchtlinge aufnehmen und dafür
geeigneten Wohnraum anbieten.

Ich fragte Christel, ob sie mich zu der Familie begleiten könne, um aus ihrer Sicht als Ärztin zu überle-
gen, was zu tun sei.
Magd holte uns am Eingang der ehemaligen Kaserne
ab. Auch der Vater erwartete uns bereits mit dem
Kind auf dem Arm und führte uns zu dem kleinen
Zimmer, in dem die fünfköpfige Familie zurzeit lebte. Als der Vater das Kind von seinem Arm ließ,
hüpfte es über sämtliche Betten und Matratzen.

Die Liebe der Eltern zu ihren Kindern beeindruckte
uns. Wie sie zu fünft in einem so kleinen Zimmer
wohnen konnten, war uns ein Rätsel.
Es musste etwas geschehen.

Dank der guten Zusammenarbeit zwischen der Ökumenischen Initiative und dem Fachbereichsleiter für Ordnung und Soziales der Gemeinde Schwanewede durfte die Familie sehr bald in eine gemeindeeigene Wohnung mit mehreren Zimmern und einem Garten ziehen. Magd hatte sich mit Erfolg eingesetzt.

Auch ein weiteres Mal spielte er eine vermittelnde Rolle.
Eine ehemalige Lehrerin hatte die Idee, den Kindern aus der Notunterkunft eine Aktivität anzubieten. Sie wollte Gitarre spielen und gemeinsam mit ihnen singen, wusste aber nicht, wie sie ihr Angebot verwirklichen sollte.
Magd gab die Einladung an Familien im Camp weiter und begleitete die Kinder zum Treffpunkt, der Begegnungsstätte. Manchmal kamen einige Mütter mit. Zusammen erlebten sie einen fröhlichen Nachmittag.

Als Ökumenische Initiative wollten wir einen Ort der Stille für alle Religionen und Nationen in der ehemaligen Kaserne gestalten. Wir bekamen die Erlaubnis, und es entstand ein schlichter, aber dennoch feierlicher Raum. Wir luden zu einer weihnachtlichen Andacht ein, die ohne Magds Übersetzungskünste vom Englischen ins Arabische kaum denkbar gewesen wäre.

Schon in den ersten Wochen hatte Magd begonnen, in seinem neuen Leben Wurzeln zu schlagen. Gerne wollte er in Schwanewede bleiben, zusammen mit fünf seiner syrischen Freunde.

Ich sehe uns noch jetzt im Gespräch mit Herrn von Bistram, dem Fachbereichsleiter für Ordnung und Soziales. Eine Wohnung für sechs Personen war frei. Aber für sechs Männer? Ob das gut gehen könne?

Eine Männer WG, das war neu für eine ländliche Gemeinde. Ich verwies auf das außergewöhnliche Engagement des jungen Syrers und auf das Vertrauen, das ich ihn setzte. Dann sollte er seinen Namen und die Namen seiner Freunde auf ein Blatt Papier schreiben. Die sechs Männer bekamen die Wohnung.

Am 7. Januar 2016 zogen sie dort gemeinsam ein. Jetzt wurde von ihnen erwartet, konkrete Schritte der Integration zu gehen, damit der Wunsch „Wir schaffen das!" sich verwirklichen konnte.

Sechs Männer, sechs Lebenswege, sechs Lebensziele… Würde sie jemand begleiten können? Ich war in diese Gedanken versunken, als plötzlich das Telefon klingelte. Ein mir bekanntes Ehepaar hatte sich entschlossen, einer geflüchteten Familie zu helfen.

„Eine Familie fällt mir im Moment nicht ein. Aber gehen auch sechs junge Männer?" war meine prompte Frage.

Das Ehepaar brauchte eine kurze Bedenkpause, doch sehr bald erhielt ich einen weiteren Anruf mit der Zusage. Wir verabredeten einen Termin in der Wohngemeinschaft, und es stellte sich heraus, dass sie wie geschaffen füreinander waren.

Innerhalb der nächsten drei Jahre löste sich die Wohngemeinschaft nach und nach wieder auf. Die jungen Männer gehen ihre individuellen Wege, stehen aber zum Teil noch in engem Kontakt miteinander.

Magd lebt in Bremen-Nord und studiert angewandte Wirtschaftssprachen und internationale Unternehmensführung. Gleichzeitig bietet er gemeinsam mit anderen arabisch sprechenden Studenten einen Arabischkurs für Studierende und weitere Interessierte an.

Mit Abdo, einem seiner Freunde aus der ehemaligen WG, ist er in einer syrisch-deutschen Pfadfindergruppe in Bremen aktiv, zu der auch ein Spielmannszug gehört. Abdo spielt Trommel, Magd Trompete.

Zusammen mit etwa zwanzig Kindern, Jugendlichen und Erwachsenen verbrachten sie im Herbst 2019 ein gemeinsames Wochenende im Gemeindehaus. Die sprühende Energie der Gruppe und ihr perfekt geplanter Tagesablauf beeindruckten mich sehr.

Am Sonntag fand der traditionelle Erntefestumzug in Schwanewede statt. Der syrisch-deutsche Spielmannszug nahm daran teil und erntete viel Applaus.

Eine Situation wird mir von diesem Wochenende ganz besonders in Erinnerung bleiben.

Magd schlug vor, einen Kreis zu bilden und sich mit überkreuzten Armen an den Händen zu halten. So miteinander verbunden beteten wir das „Vater unser" auf aramäisch, arabisch und deutsch.

Sein Glaube und sein Engagement helfen ihm, trotz aller Sehnsucht nach Syrien sein Zuhause auch in einem fremden Land zu finden.

Und jedem Anfang wohnt ein Zauber inne,
der uns beschützt und der uns hilft zu leben.

Hermann Hesse

Farid

Juni 2019

Bevor Farid im Juli 2019 mit seiner Frau Somaya und der dreijährigen Helena von Schwanewede nach Bremen zieht, verabreden wir uns zum Aufschreiben seiner Geschichte.

Ich biete ihm einen Tee an, in einer Tasse mit arabischen Schriftzeichen. Zu meinem Erstaunen entziffert Farid aus Afghanistan sofort die arabischen Zeichen: „Shukran – Danke."
„Du kannst arabisch lesen?"
„Ja. Den Koran habe ich zuerst auf Arabisch gelesen und später in meiner Sprache Farsi. Deutsch ist die erste Fremdsprache, die ich richtig gelernt habe."

Farid hat unsere Sprache und Schrift sehr schnell gelernt: im Gemeindehaus in Schwanewede, in der Berufsschule in Bremen, mit Lernprogrammen im Internet und durch seine offene Art im Umgang mit anderen Menschen.

„Möchtest du zuerst von deinem neuen Leben in Schwanewede erzählen oder von deinem Leben in Afghanistan?", frage ich ihn.

„Zuerst Afghanistan", entscheidet er.
„Ich komme aus einem Dorf bei Herat. Wir wohnten in einem Lehmhaus mit einem Garten, von einer hohen Mauer umgeben.

Meine Eltern hatten Weinberge und meine Mutter stellte besonders gute Rosinen her. Nach Schulschluss habe ich ihr dabei geholfen.
Auch bei den Kühen und Schafen half ich mit. Mit sechzehn wollte ich mein eigenes Geld verdienen und habe angefangen, in der Stadt als Maurer zu arbeiten.

Wenn ich an meine Heimat denke, dann werde ich traurig. Ich vermisse sie.
Gleichzeitig bin ich froh, dass ich hier bin.
Unsere Tochter wird hier in den Kindergarten und zur Schule gehen. In Afghanistan würde ihr der Schulbesuch vielleicht nur wenige Jahre erlaubt.

Für Mädchen und Frauen ist es schwer in meinem Dorf. Die Frauen müssen eine Burka tragen. Somaya durfte dort nicht alleine auf die Straße gehen. Sie musste immer in Begleitung eines Mannes sein."

Nach einer kurzen Pause fügt er hinzu: „Ich habe zwei Möglichkeiten: Entweder denke ich zurück an Afghanistan, dann verliere ich meine Kraft, oder ich kümmere mich um mein neues Leben in Deutschland."

„Wie war es, als ihr nach Schwanewede kamt?", frage ich Farid.

„Zuerst waren wir in einem Lager in Braunschweig", antwortet er.
„Nach einem Monat bekamen wir ein Zugticket und einen Zettel mit einer Adresse darauf. Wir sollten nach Schwanewede fahren. Immer wieder zeigten wir unser Papier, denn wir konnten die Buchstaben nicht lesen und verstanden nichts.
Zwei Anschlusszüge haben wir verpasst. Am Ende der Fahrt mussten wir einen Bus nehmen. Zum Glück zeigte uns der Busfahrer, wo wir aussteigen sollten.

Es war schon ein bisschen dunkel und wir wussten nicht, wohin wir jetzt gehen sollten. Wir sahen viele Menschen in eine Richtung gehen und folgten ihnen einfach.

Dann standen wir vor einem Tor. Die anderen durften hindurchgehen, wir nicht. Die Security rief einen Dolmetscher, der uns erklärte: ‚Sie gehören nicht zu dieser Unterkunft. Sie bekommen eine Wohnung in

Schwanewede. Deshalb müssen Sie zum Rathaus gehen, doch leider hat es um diese Uhrzeit geschlossen.'

Zum Glück erlaubte uns die Security, in einem kleinen Bett in ihrem Häuschen am Eingang der Notaufnahme zu übernachten.
Somaya – sie war im zweiten Monat schwanger – und ich schliefen tief und fest vor Erschöpfung.
Am nächsten Morgen brachte uns die Security Brötchen und ein Getränk.

Anschließend machten wir uns auf den Weg zum Rathaus. Wir zeigten wieder unseren Zettel mit der Adresse. Daraufhin wurden Papiere ausgefüllt, und wir bekamen einen Scheck für den Neuanfang.

Der Hausmeister der Gemeinde fuhr uns mit einem roten Auto zur Wohnung. Unterwegs zeigte er uns das Einkaufszentrum, eine Apotheke und eine Bank.

Dann standen wir vor einem Hochhaus. Mit dem Fahrstuhl fuhren wir in den 6. Stock. Dort öffnete zu unserer Überraschung ein anderes afghanisches Ehepaar die Tür. Es war einen Tag zuvor angekommen. Wir sollten uns eine Wohnung teilen.

Ein paar Tage später, wir kamen gerade vom Einkaufen, klebte ein Papier mit einer Nachricht an unserer

Wohnungstür. Wir überlegten die ganze Zeit, was dieser Zettel bedeuten könnte. Wenige Tage später stellten sich Carsina und Lüder bei uns vor.

Sie hatten die Notiz an die Tür geklebt, weil sie uns bei ihrem ersten Besuch nicht angetroffen hatten. Wir verstanden, dass wir uns melden sollten, wenn wir Hilfe brauchten.

Natürlich brauchten wir Hilfe, und so fing die Geschichte mit Carsina und Lüder an. Es war der Punkt, an dem unser Leben neu begann."

Carsina und Lüder fanden ein Ehepaar, das bereit war, ehrenamtlichen Deutschunterricht zu erteilen, denn Integrationskurse für Flüchtlinge aus Afghanistan waren nicht vorgesehen.

Ein nächster wichtiger Schritt war die Vorbereitung der beiden Ehepaare auf das Interview beim Bundesamt für Migration und Flüchtlinge, welches über ihren Aufenthaltsstatus entscheiden sollte.

Carsina und Lüder begleiteten sie zum Interview nach Oldenburg und leisteten durch ihre Anwesenheit Unterstützung während der Befragung. Sagen durften sie natürlich nichts.

„Carsina half uns auch während Somayas Schwangerschaft. Sie war sogar bei Helenas Geburt dabei", erzählt Farid.

In Zusammenarbeit mit dem Jobcenter gelang es außerdem, für die beiden jungen Männer der Wohngemeinschaft Wege ins Berufsleben zu finden. Carsina und Lüder unterstützten sie, wann immer dies nötig war.

Farid wollte Busfahrer werden.
Also absolvierte er ein Praktikum bei einem Busunternehmen und machte seinen Pkw-Führerschein. Anschließend musste er Fahrpraxis nachweisen. Er bewarb sich deshalb bei einem Paketdienstleister und bekam die Stelle.

Farid erinnert sich an seine ersten Touren:
„In Bremen gibt es viele enge Straßen, in denen die Autos auf beiden Seiten parken. Da musste ich durch und meine Pakete verteilen. Ich habe in diesem halben Jahr viel Fahrpraxis gesammelt. Es hat mir Freude bereitet und Selbstvertrauen gegeben.

Gleichzeitig bewarb er sich bei der Bremer Straßenbahn AG, der BSAG, um einen Ausbildungsplatz als Busfahrer.

„Ich wartete lange auf eine Antwort", sagt Farid.
„Ja, manchmal warst du ungeduldig und hattest Angst, dass es doch nicht klappen würde", erinnerte ich mich.

„Genau", bestätigt Farid meinen Eindruck, „doch dann kam endlich der Brief. Ich durfte mich vorstellen und hatte Herzklopfen vor Freude und Nervosität. Das Gespräch lief gut, mir wurde aber auch gesagt, es gebe viele Bewerber und ich müsse mich gedulden.

Schließlich wurde mir eine Einstiegsqualifizierung als Vorbereitung auf meine Ausbildung angeboten. Also arbeitete ich fast ein Jahr lang in verschiedenen Bereichen der BSAG und ging außerdem zur Berufsschule."

Er sieht sehr erleichtert aus, als er sagt: „Und jetzt habe ich meinen Ausbildungsvertrag unterschrieben!" Farid freut sich, dass er seinem Berufsziel nähergekommen ist. Für ihn und seine kleine Familie ist damit aber auch ein Umzug nach Bremen verbunden.

„Wir haben gerne in Schwanewede gewohnt, doch von hier ist der Weg zu weit zu meiner Ausbildungsstelle", begründet er seinen Entschluss.

„Darf ich noch etwas sagen?", fragt er am Ende unseres Gesprächs.

„Natürlich, Farid, du darfst alles sagen", antworte ich und bin gespannt, was jetzt kommt.

Ich merke ihm an, wie ernst er es meint:
„Ich wünsche mir, dass es Frieden in meinem Land gibt, und nicht nur dort. In der ganzen Welt."

4. Januar 2021

Zu Beginn des neuen Jahres wünsche ich Farid und seiner Familie telefonisch alles Gute. Sie haben sich in Bremen gut eingelebt, und Helena hat einen kleinen Bruder bekommen.

„Heute bin ich zum ersten Mal einen Linienbus gefahren." Farids Stimme klingt glücklich.
Ich gratuliere ihm. „Dann hat sich für dich ja ein großer Traum erfüllt."
„Ja, das stimmt", bestätigt er voller Freude.
„Bald kommen wir nach Bremen, nur um mit dir Bus zu fahren", verspreche ich ihm
„Und an der Endhaltestelle steige ich aus und wir machen ein Foto von uns", bestärkt Farid meine Idee.
Wir sind uns einig: „So machen wir das."

Vielleicht hat Bremen nie einen glücklicheren Busfahrer gesehen.

Sprache ist der Schlüssel zur Welt.

Wilhelm von Humboldt

Welten vereinen

1983 floh Selva als junger Mann aus dem Norden Sri Lankas, seine Verlobte durfte fünf Jahre später nachkommen.
Sie heirateten in Schwanewede und bekamen eine Tochter und einen Sohn, Glency und Clievins.
Heute ist Glency Gymnasiallehrerin, Clievins studiert Psychologie.

Glency besuchte als Kind und als 26-Jährige die Heimat ihrer Eltern. Sie fühlte sich dort ebenso zu Hause wie in Neuenkirchen, einem Ortsteil von Schwanewede, in dem sie aufgewachsen ist. „Meine Wurzeln sind hier, aber auch dort", sagt sie. „Das macht meine Identität aus."

„Kannst du genauer erklären, was du darunter verstehst?", frage ich sie.
Sie überlegt nicht lange. „In mir sind zwei Welten vereint und ich denke, das geht nur, wenn alle Türen geöffnet werden und auch offenbleiben."
Das Symbol geöffneter Türen fasziniert mich schon lange. Es kann sich auf vieles beziehen. Ich möchte wissen, woran Glency dabei denkt.

Sie weiß sofort, welche Gedanken sie damit verbindet. „Tamil haben wir immer zu Hause gesprochen und Deutsch mit den Kindern auf dem Spielplatz, im Kindergarten und in der Schule. Mein Bruder und ich sind mit zwei Sprachen groß geworden."

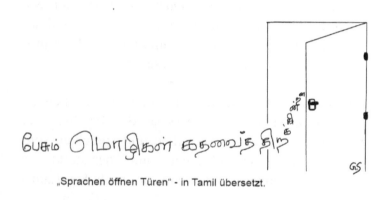

„Sprachen öffnen Türen" - in Tamil übersetzt.

Sie fragt: „Kannst du dich erinnern, dass wir samstags immer in einem Raum der katholischen Kirche Tamil gelernt haben?"

Daran erinnere ich mich gut, und vor allem an das Engagement von Nalini, die sich mit ihrer Heimat und Kultur im Norden Sri Lankas sehr verbunden fühlt. Es ist ihr wichtig, die tamilische Sprache für nachfolgende Generationen lebendig zu halten.
Obwohl sie keine Lehrerin ist, gab sie 28 Jahre lang Tamil-Unterricht in Bremen und dann auch in

Schwanewede. Sie unterrichtete im Rahmen einer großen tamilischen Bildungsvereinigung, die u.a. Fortbildungen für ehrenamtlich Unterrichtende anbot, Lernstandards festlegte und Prüfungen durchführte.

Nicht alle bewiesen so viel Durchhaltevermögen wie Glency, die vom ersten bis zum zwölften Schuljahr am Tamil-Unterricht teilnahm und die Abschlussprüfung mit der Note „Sehr gut" bestand.

Ihre Mutter spornte sie immer wieder zum Lernen an. Heute freut sich Glency, dass sie die Sprache ihrer Verwandten nicht nur verstehen und sprechen, sondern auch lesen und schreiben kann. Dies stärkt ihre Bindung zu ihnen, und wenn sie nach Sri Lanka fliegt, fällt es ihr leicht, sich dort zu orientieren.

„Du weißt ja, dass unsere Verwandten in alle Welt verstreut sind", fügt Glency hinzu. „Ich habe zwar Verwandte in Sri Lanka, aber auch einen Onkel in Finnland und einen in Norwegen. Die Schwester meines Vaters arbeitet als Ärztin in Australien.
Wie sollte ich mich mit ihnen unterhalten, wenn ich nicht unsere Sprache verstehen und sprechen könnte? Wie könnte mir auch meine Oma ihre Weisheiten weitergeben?"

„Die Weisheiten der Oma…" Dieser Ausdruck überrascht mich. Würde eine junge Frau unseres Kulturkreises dies auch so sagen?

„Fällt dir spontan eine Weisheit deiner Oma ein?", frage ich Glency.
Sie überlegt einen Moment. „Meine Oma sagt sehr oft, die Familie müsse zusammenhalten, egal, wo wir auch sind."

Ihr kommt ein weiterer Spruch in den Sinn, den die Oma dem Tirukkural, einem wichtigen Lehrgedicht der tamilischen Kultur, entnommen hat: „Ein fröhliches Gesicht und freundliche Worte sind besser als ein mit Freude gegebenes Geschenk." Glency fügt hinzu: „Deshalb lachen wir auch so viel."
Mir geht ein Licht auf. Ich erkenne einen für mich neuen Zusammenhang zwischen der Freundlichkeit ihrer Familie und den tamilischen Wurzeln.

Die 28-Jährige weiß, welchen Stellenwert das Erlernen einer Sprache hat. Deshalb studierte sie u.a. das Fach Englisch und erwarb zusätzlich die Qualifikation für Deutsch als Fremd- und Zweitsprache.

Als selbstbewusste junge Frau fühlt sie sich sowohl in der deutschen als auch in der tamilischen Kultur zu Hause und ist davon überzeugt:

„Sprachen öffnen Türen."

Es sind die Lebenden
die den Toten die Augen schließen.
Es sind die Toten,
die den Lebenden die Augen öffnen.
(Slawisches Sprichwort)

Endgültiger Abschied

Soori, einer der ersten Tamilen in Schwanewede, hat sich zur Reise seines Lebens, einer Pilgerreise nach Lourdes, aufgemacht. Weil auch Hindus Maria verehren, besucht er zusammen mit seiner Schwester aus den USA und seinem Bruder aus Kanada den Ort in Frankreich, in dem Maria 1858 einem 14-jährigen Mädchen erschienen sein soll.

Im Kreuzgang neben der Wallfahrtskirche stolpert Soori, fällt mit dem Kopf auf die Steine und dann ins Koma.
Soori stirbt zwei Monate später, am 5. Januar 2019.

Am 14. Januar findet seine Abschiedsfeier in Schwanewede statt.

Elli und ich sind dabei. Wir kennen Soori, seitdem er 1984 aus Sri Lanka nach Schwanewede kam. Mit drei weiteren jungen Tamilen teilte er damals eine gemeinsame Wohnung in einem der siebenstöckigen

Hochhäuser in Schwanewede. Später bezog er dort eine Einzimmerwohnung.

Soori, ein stattlicher Mann mit aufrechtem Gang, war fast immer allein zu sehen.
Ich traf ihn oft an der Bushaltestelle oder im Bus.
Jahrelang arbeitete er in der Bremer Innenstadt in einem Restaurant.

In Erinnerung bleiben besonders sein freundlicher Blick und sein Lächeln bei jeder Begegnung. Seine ruhige Gegenwart berührte uns.
Deshalb, und um den Tamilen unser Mitgefühl zu zeigen, nehmen Elli und ich an der Trauerfeier in der evangelischen Kapelle teil.

Sooris Familienangehörige wohnen weit entfernt, doch er ist aufgenommen in das Gemeinschaftsgefüge der tamilischen Familien, die ihr sonniges Land unter dramatischen Bedingungen verlassen haben.
Den starken Zusammenhalt spüren wir auch während der Abschiedsfeier.
Nach und nach füllt sich die Kapelle mit den uns bekannten Familien aus Schwanewede und umzu.
Einige Gäste kenne ich nicht. Aus Kanada ist der Bruder angereist und aus den USA die Schwester. Seit der Flucht vor dem Bürgerkrieg in Sri Lanka leben die tamilischen Familien in der ganzen Welt verstreut.

Alle schenken Soori respektvoll einen letzten Gruß am offenen Sarg. Dort ruht er – mit Krawatte, bärtig, die Hände übereinandergelegt.

Als ich neben ihm stehe, empfinde ich einen großen Frieden.

Ja, so war Soori: ohne Aufregung, in sich ruhend.

Zu Lebzeiten habe ich ihm vermutlich nie so lange ins Gesicht geschaut.

Für mich ist es eine wohltuende Erfahrung, dass der Tod nicht fremd und erschreckend wirkt.

Soori hat diese Erde verlassen, doch seine Gegenwart ist noch spürbar. Ich bin dankbar, dass ich dies erleben darf.

Während die Menschen ihn ein letztes Mal am Sarg besuchen und Abschied nehmen, breitet ein Hindupriester mit entblößtem Oberkörper auf dem Fußboden Früchte, Kerzen, Räucherstäbchen und Glöckchen aus. Daneben stehen Flaschen mit geweihtem Wasser.

Die Zeremonie beginnt. Sooris Bruder darf als nahestehender Verwandter eine besondere Rolle einnehmen und hat zum Zeichen der Reinheit seinen Oberkörper ebenfalls frei gemacht. Der Hindupriester und er streichen sich weiße Asche auf Gesicht, Hals, Arme und Oberkörper. Asche erinnert an die Vergänglichkeit allen Lebens.

Räucherstäbchen, die auf Bananen gesteckt sind, ein kleiner Metallbehälter mit einer Flamme und eine Flasche mit Wasser kommen mehrmals zum Einsatz.
Die Hindus unter den Trauergästen umschreiten damit dreimal Sooris erstarrten Körper und wenden dabei dem Kopf besondere Aufmerksamkeit zu.
Außerdem legen sie ihm eine bunte Blütengirlande um den Hals.

Kokosnüsse werden aufgeschlagen.
Die Hindus legen Obst, Blumen und Bananenblätter auf die weiße Decke über Sooris Körper, sodass dieser unter den Gaben immer weniger zu sehen ist.

Der Hindupriester rührt eine Paste aus gelbem Kurkumapulver und gesegnetem Wasser an, die er anschließend auf Sooris geschlossene Augen streicht. Auch sein Mund wird mit einem Blatt unsichtbar gemacht.

Ein dünner weißer Faden, der am Sarg sichtbar wird und Soori noch irgendwie mit der Außenwelt verbindet, wird durchtrennt.
Endgültiger Abschied hat stattgefunden. In den Gesichtern der Tamilen bemerke ich Blässe und Trauer. Worte, Gesang und das Klingeln kleiner Glocken begleiten die Feier. Am Ende verschließen die Männer den Sarg, einige Frauen weinen laut.

Der Bruder des Verstorbenen trägt jetzt ein Hemd, das er zum Zeichen der Trauer in Streifen reißt, die dann um den Sarg gebunden werden.

Elli und ich verlassen nach etwa drei Stunden die Kapelle voll innerer Bewegtheit.

Diese Zeremonie, die es so wohl noch nie in Schwanewede gegeben hat, berührt uns. Verwandte und Freunde haben Soori einen Abschied in Würde bereitet und seiner Seele dabei geholfen, seinen Körper endgültig zu verlassen.

Es ist nicht der letzte Dienst, den Soori erfährt.
Seine Urne wird nach Kanada überführt. Dort findet 31 Tage nach seinem Tod eine weitere religiöse Zeremonie statt.
Danach wird seine Asche dem Humber River in Toronto übergeben.

Leb wohl, Soori!

Es blitzt ein Tropfen Morgentau
im Strahl des Sonnenlichts;
ein Tag kann eine Perle sein
und ein Jahrhundert nichts.

Gottfried Keller

Schlüsselmomente

Unter Tagesordnungspunkt 11 der öffentlichen Gemeinderatssitzung vom 17. Juni 2020 stehen zwei Anträge zum Thema „Geflüchtete". Ohne es voneinander zu wissen, hatten die Grünen und die Ökumenische Initiative ähnliche Anträge formuliert. Die Bereitschaft der Gemeinde, weitere Flüchtlinge aufzunehmen, sollte offiziell beschlossen werden.

Die Sitzung findet mitten in der Corona-Krise statt und wird deshalb vom Rathaus in ein größeres Dorfgemeinschaftshaus verlegt. Unsere Flüchtlingsinitiative hatte sich bereits seit einigen Wochen mit vier Personen zur Teilnahme angemeldet.

Den Anträgen waren einige Diskussionen und Absprachen vorausgegangen.
Wir Ehrenamtlichen überlegten bei unserem Treffen am 10. März 2020, ob wir den folgenden kritischen Gedanken streichen sollten: „Nicht nur die Türkei praktiziert menschenverachtende Politik auf dem

145

Rücken von Menschen. Auch die europäische Union missachtet mit Aussagen zur ‚Festung Europa' und den finanziellen Entscheidungen zur Verstärkung von Grenzschutz und Frontex menschliche Grundrechte." Wir entschieden uns jedoch, nichts zu beschönigen.

Am Freitag, dem 13. März, wurde der Corona-Shutdown zum alles beherrschenden Thema. War das Thema „Flüchtlinge" plötzlich unwichtig geworden? Unseren Antrag konnten wir wegen der beschlossenen Corona-Maßnahmen nicht mehr persönlich abgeben, sondern steckten ihn stattdessen – zusammen mit einem Begleitbrief an den Bürgermeister – in den Briefkasten beim Rathaus.

Wenige Tage später rief der stellvertretende Bürgermeister an. Das war bei der verstärkten Arbeitsbelastung in den Behörden eine wohltuende Überraschung. Wann die nächste Gemeinderatssitzung unter den gegenwärtigen Umständen stattfinden könne, wisse er nicht, aber unser Anliegen sei angekommen und werde behandelt.

Als nach einigen Wochen wieder Zusammenkünfte mit zehn Personen erlaubt waren, lud Dörte, die Fraktionsvorsitzende der Grünen, die beiden antragstellenden Gruppen in ihren schönen Garten ein. Wir wollten Gemeinsamkeiten und Unterschiede unserer Anträge und die Vorgehensweise auf der Ratssitzung besprechen.

Beide Male geht es um die Bitte an den Rat der Gemeinde Schwanewede, weiteren Geflüchteten im Rahmen der kommunalen Möglichkeiten Obdach und Hilfe zu gewähren. Schwanewede soll damit deutlich Stellung für Menschlichkeit und Offenheit und somit auch gegen Rassismus und Ausgrenzung beziehen.

Während die Ökumenische Initiative darum bittet, dieses Anliegen nach Beratung öffentlichen Stellen wie Landkreis, Landesregierung und Bundesinnenministerium mitzuteilen, geht es im Antrag der Grünen insbesondere um die Aufnahme von in Seenot geratenen Menschen.

Die Fraktion möchte, dass die Gemeinde Schwanewede sich im Rahmen der Initiative „Seebrücke – Schafft sichere Häfen" engagiert.
Nachdem diese internationale Bewegung Ende Juni 2018 entstanden war, erklärten sich zahlreiche Gemeinden in Deutschland zum „Sicheren Hafen". Sie sind bereit, Geflüchtete freiwillig aufzunehmen. Würde auch Schwanewede bald dazu gehören?

Als unser Tagesordnungspunkt an der Reihe war, begründete je eine Vertreterin der Grünen und der Ökumenischen Initiative die beiden Anträge mit Sachverstand und Leidenschaft.

Sie überzeugten und ernteten Applaus. Auch Rats-mitglieder verschiedener Parteien meldeten sich zu Wort und sprachen sich engagiert für unser Anliegen aus. Nur eine Partei äußerte sich kritisch, dann wurde abgestimmt. Die überwiegende Mehrheit war dafür, es gab nur sehr wenige Gegenstimmen und Enthal-tungen.

Die getroffenen Entscheidungen wurden an höhere Stellen weitergegeben.
Schwanewede gilt ab sofort als „Sicherer Hafen" und sendet damit ein deutliches Signal.
Erst im Nachhinein begreife ich die bahnbrechende Bedeutung der allgemeinen Zustimmung.
Die Gemeinderatssitzung wird für mich zum Schlüs-selereignis. In den fast vierzig Jahren des Bestehens der Ökumenischen Initiative habe ich eine solche politische Entscheidung zum ersten Mal erlebt.

Carsina, der wir den Anstoß für diesen Antrag zu verdanken hatten, informierte in einer Rundmail über das positive Ergebnis und bekannte, dass sie nach diesem Beschluss stolz auf den Gemeinderat sei.

Ob es bei unseren Absichtserklärungen bleibt oder ob sich Folgen daraus ergeben, wird auf höherer politi-scher Ebene entschieden.

Seit unserem Beschluss haben sich über 100 weitere Gemeinden zum „Sicheren Hafen" erklärt. Inzwischen gehören 267 Gemeinden dazu.

Je mehr es werden, desto schwerer wird die gezeigte Aufnahmebereitschaft zu ignorieren sein.

Das bloße Erlebnis bedeutet nicht viel,
wenn sich nicht die Erinnerung seiner bemächtigt.

Manfred Hausmann

Berührende Begegnungen – Online

April 2021

Ich erlebe mein erstes Online-Treffen mit Khalil. Seine Frau Farzana ist auch dabei. Einer seiner beiden Söhne und eine seiner beiden Töchter erscheinen kurz auf dem Bildschirm.
Wir sind beide digital nicht besonders bewandert und wollen den Umgang mit Zoom üben, damit er meiner nächsten Online-Lesung folgen kann. Ich möchte u.a. seine Geschichte vortragen.

Immer werde ich den kalten Betonboden vor Augen sehen, wenn ich an unsere erste Begegnung im Frühjahr 1981 in einem Schlichtbau im Lycker Weg am Rande von Schwanewede denke. Die Unterkunft übertraf an Kargheit alles, was mir als Studentin vor vielen Jahren in einer Obdachlosensiedlung in Gießen begegnet war.

Wenn ich an Khalil denke, fällt mir auch das seit fast 20 Jahren bestehende Engagement der Waldschule

Schwanewede für Schulen in Afghanistan ein, das durch den Hamburger Verein „Afghanistan-Schulen" ermöglicht wird.

Auf unserem ersten Basar zugunsten eines Schulbaus in Khancharbagh wollte ich etwas afghanisches Flair verbreiten und fragte Khalil deshalb, ob er mir einige Artikel wie Perlen, Ketten und Taschen aus seinem Geschäft leihen könne.

Er schickte mir darüber hinaus handgefertigte Teppiche und Wandbehänge: jedes Stück ein Unikat, von Nomaden geknüpft oder gewebt und mit Pflanzen gefärbt. Ein ganzer Klassenraum konnte mit diesen wertvollen Stücken geschmückt werden.

Heute begegnen wir uns auf dem Bildschirm und amüsieren uns darüber. Ich wundere mich über die vertraute Wärme, die sofort wieder da ist. Khalil berichtet mit einer Prise Humor, dass er auch in Zeiten von Corona oft zu seinem Geschäft fährt, das sich in 20 km Entfernung von seinem Wohnort befindet. Fünf Kilometer läuft er zu Fuß, erst dann nimmt er den Zug.

Zurzeit kämen kaum Kunden, sagt er ganz ohne Bitterkeit, doch es gebe immer etwas zu tun. Zum Beispiel repariere er Teppiche.

Natürlich schweifen unsere Gedanken in die Vergangenheit.

Khalil meint unvermittelt: „Damals war ich wie ein junger Baum, der umgepflanzt wurde. Die erste Erde bekam ich in Schwanewede. Einige Äste wuchsen krumm, aber sie wuchsen."
Dieses Bild fasziniert mich wie so vieles, das in unseren seltenen Gesprächen aus ihm herausströmt.

Er erzählt, dass er als Kind in seiner Heimatstadt Herat geflüchteten Palästinensern begegnet war. Ein Lehrer hatte die Schulkinder und deren Familien aufgefordert, „diesen armen Menschen", wie er sie nannte, zu helfen.
Khalil taten sie leid und er gab ihnen etwas von seinem Taschengeld.
Später stellte er verwundert fest, dass er selbst einer wie sie geworden war.

Wir sprechen über die bevorstehende Online-Lesung. Er fragt: „Wie läuft das? Muss ich da etwas sagen?"
Das bringt mich auf die Idee, dass er möglicherweise ein Schlusswort beitragen könnte. Das Bild des jungen Baumes würde bestimmt auch andere ansprechen.

Zwei Tage später sehe ich, dass Khalil mit ausgeschalteter Kamera die Lesung verfolgt. Als ich zu seiner Geschichte komme, sage ich: „Khalil, falls du gleich etwas sagen möchtest, müsstest du die Kamera einschalten."

Er schaltet sie sofort ein. Nachdem ich seine Geschichte gelesen habe, stellt er sich vor und sagt mit ruhiger Stimme:

„Alle Flüchtlinge haben traurige Geschichten hinter sich. Die Vergangenheit in ihrem Land ist sehr schlimm, aber wenn sie das Land auf einmal verlassen müssen ohne bestimmte Perspektive und irgendwo leben müssen, wo sie mit Sprache und Kultur Schwierigkeiten haben, ist das ebenfalls sehr hart.

Aber noch schwieriger ist es, wenn man von Familienangehörigen hört, dass sie krank sind oder gestorben sind, und man gar nichts machen kann in dem Moment.

Lassen Sie mich jetzt ein Ereignis erzählen, das mir damals in Schwanewede geschehen ist.

An einem Sommertag war ich sehr traurig und – nein, nicht hoffnungslos, – aber richtig wütend auf alles im Leben. Ich bin einfach in die nahegelegenen Wälder und Wiesen gegangen und habe dort neben einem Busch gesessen und mit mir selbst gesprochen. Auf einmal habe ich geschrien: ‚Was ist der Sinn des Lebens überhaupt? Warum ist das so? Warum müssen so viele Menschen solche Probleme tragen auf diese Art und Weise?‘

Stundenlang habe ich mir so Gedanken gemacht und Fragen gestellt.

Dann bin ich wieder zurückgegangen und war ein bisschen müde. Ich habe etwas gegessen und – ich weiß nicht nach wie vielen Stunden – habe ich tief geschlafen.

Ich habe von meinem Vater geträumt, der genau vor vier Wochen gestorben war. Er war durch den Krieg gefallen, aber nicht als Krieger. Er war eine Zivilperson in Herat und ist durch eine Auseinandersetzung zwischen Soldaten der Sowjetunion und den Mudjahedin ums Leben gekommen.

Ich habe geträumt, dass er vor mir sitzt und so tut, als ob er mich nicht kenne.

Er sagte zu mir: ‚Junge, warum suchst du nach dem Sinn des Lebens?

Das Leben hat einen Sinn, aber dass man danach sucht, ist Unsinn. Du sollst ein Ziel haben und an deinem Ziel ankommen. Wenn du ankommst, wird der Sinn des Lebens vor deinen Augen richtig aufblühen.'

Das waren für mich ein paar Sätze, die ich bis heute erinnere, wenn ich an den Lycker Weg und an Schwanewede denke."

Er verabschiedet sich mit den Worten: „Liebe Grüße an Schwanewede, an die Gemeinde und an die Bevölkerung."

Seine Worte und die Art, wie er sie spricht, bewegen nicht nur mich, sondern auch andere Zuhörende.

Von drei Frauen erfahre ich nach der Lesung, dass sie im Urlaub Khalils Geschäft in der Münzgasse in Konstanz besuchen wollen.

Khalil sagt mir einige Tage später, dass er sich durch die Lesung völlig in die damalige Zeit zurückversetzt fühlte und sein Traum wieder ganz gegenwärtig war. Deshalb habe er ihn spontan erzählt.

Noch vor zwei Monaten fühlte ich mich bei meiner ersten Online-Lesung sehr befremdet. Ich hatte Zweifel, ob auf Distanz menschliche Nähe entstehen könne.
Inzwischen habe ich erlebt: Auch online sind sehr berührende Begegnungen möglich.

Nachwort und Dank

Die meisten Menschen, von denen ich erzähle, kenne ich bereits seit einigen Jahren oder sogar seit Jahrzehnten. Doch wenn wir uns zum Gespräch für dieses Buch trafen, berührten wir Themen, die gewöhnlich nicht zur Sprache kamen, die Sehnsucht und Hoffnung weckten und oft auch weh taten. Die Grenze des Sagbaren war manchmal schnell erreicht.

Anstatt im Detail nachzufragen, recherchierte ich im Internet. Hintergrund und Ausmaß der politischen Konflikte des jeweiligen Herkunftslandes werden in diesem Buch nur gestreift.

Ich erlebte fast in jedem Gespräch, wie mein Verständnis, mein Mitgefühl und mein Respekt für die Menschen, die mir gegenübersaßen, wuchsen.
Ohne ihre Offenheit und ihr Vertrauen hätte ich die Geschichten dieses Buches nicht schreiben können. Einen riesigen Dank an alle, die mir erlaubten, ihre Geschichte zu veröffentlichen!

Wichtig ist aber auch der kritische Blick auf die Verständlichkeit und die Form des Geschriebenen. Für alle inhaltlichen und sprachlichen Verbesserungsvorschläge und für alle Unterstützung bei der formalen Umsetzung sage ich von Herzen „DANKE".

Gudrun Chopin

geboren am 11.11.1950 in Zimmersrode, Hessen, aufgewachsen als „Flüchtlingskind" mit Fluchtgeschichte von Eltern, Großeltern, Onkeln und Tanten (1945).
Verheiratet mit einem Franzosen, zwei Kinder.
Pensionierte Französisch-, Deutsch- und Religionslehrerin, Mitwirkung in einer Schultheater-AG.
Geprägt durch häufige Aufenthalte in der ökumenischen Gemeinschaft von Taizé.
Seit 40 Jahren in der Ökumenischen Initiative für Flüchtlinge Schwanewede aktiv.

Veröffentlichungen

Ich gehöre dazu. Geflüchtete und wir.
Taschenbuch, 164 Seiten, Verlag Große Sprünge 2018.
ISBN 978-3-7467-6189-3

Ein Himmel voller Fragezeichen. 99 Gedichte aus 29 Jahren.
Taschenbuch, 123 Seiten, epubli 2019.
ISBN 978-3-7502-4753-6

Berührende Begegnungen. Erlebtes zum kulturellen Miteinander.
Taschenbuch, 162 Seiten, Verlag Große Sprünge 2021.
ISBN 978-3-9821383-4-3

Über ein Echo auf mein Buch würde ich mich freuen.
Gerne lasse ich mich zu einer Lesung einladen.

GChopin@gmx.de

Erlöse aus diesem Buch spende ich für die Arbeit mit
Geflüchteten.